MÉMOIRES

PUBLIÉS PAR LES MEMBRES

DE LA

MISSION ARCHÉOLOGIQUE FRANÇAISE DU CAIRE

TOME III

Premier Fascicule.

LES HYPOGÉES ROYAUX DE THÈBES, par M. E. Lefébure

SECONDE DIVISION

NOTICES DES HYPOGÉES

Publiées avec la collaboration de MM. Ed. Naville et Ern. Schiaparelli.

Z Renan 212

ANGERS, IMPRIMERIE A. BURDIN ET Cie, 4, RUE GARNIER

MINISTÈRE DE L'INSTRUCTION PUBLIQUE ET DES BEAUX-ARTS

MÉMOIRES

PUBLIÉS

PAR LES MEMBRES

DE LA

MISSION ARCHÉOLOGIQUE FRANÇAISE

AU CAIRE

SOUS LA DIRECTION DE M. MASPERO, MEMBRE DE L'INSTITUT.

TOME TROISIÈME

1er Fascicule

LES HYPOGÉES ROYAUX DE THÈBES

Par M. E. LEFÉBURE.

Seconde Division

NOTICES DES HYPOGÉES

Publiées avec la collaboration de MM. Ed. NAVILLE et Ern. SCHIAPARELLI.

PARIS

ERNEST LEROUX, ÉDITEUR

LIBRAIRE DE LA SOCIÉTÉ ASIATIQUE

DE L'ÉCOLE DES LANGUES ORIENTALES VIVANTES, DE L'ÉCOLE DU LOUVRE, ETC.

28, RUE BONAPARTE, 28

1889

PRÉFACE

Les seules notices scientifiques que l'on possède sur les tombes royales sont celles de Champollion, mais ces descriptions ont besoin d'être complétées. Bien qu'il ait passé quelques mois à Bab el-Molouk, Champollion n'avait pu tout faire; le présent volume devra donc être considéré comme un complément de son travail : on y trouvera la description de chaque tombe partie par partie, des plans approximatifs comme ceux que prenait quelquefois Champollion, et la copie des scènes et des textes encore inédits qui appartiennent aux grandes compositions religieuses. Il y aura ainsi de publié, maintenant, un exemplaire au moins de chacune de ces compositions, mais pour deux d'entre elles, les Livres de l'Enfer et de l'Amtuat, il reste à faire le relevé des variantes que leurs différents exemplaires peuvent fournir. C'est là une tâche dont l'accomplissement ne laisserait pas que d'être profitable à la science : M. Schiaparelli y contribuera utilement s'il donne suite à son projet d'éditer la copie, prise par Rosellini, de l'exemplaire de l'Amtuat qui figure au tombeau de Ramsès VI.

Des vingt et un tombeaux situés dans la vallée principale de Bab el-Molouk, neuf se trouvent reproduits intégralement dans le présent ouvrage, au moins quant à leurs parties apparentes pour le 5e, le 13e et le 19e, qui sont plus ou moins ensablés. Ces neuf tombeaux sont, en adoptant le numérotage de Wilkinson, les n°s 2 (voir Troisième division), 3, 4, 5, 10, 13, 17 (voir Première division), 18 et 19.

Les n°s 12, 20 et 21 ne présentent aucune trace de décoration dans leurs chambres ou couloirs encore accessibles. Le n° 16 s'est ensablé depuis le voyage de Champollion et le n° 7 depuis le voyage de Lepsius. Les autres tombes, c'est-à-dire les n°s 1, 6, 8, 9, 11, 14 et 15 seront analysées aussi complètement que possible.

Quant aux quatre hypogées qui s'ouvrent dans l'embranchement secondaire de la Vallée des Rois et qui portent les n°s 22, 23, 24 et 25 sur le plan de Lepsius, deux d'entre eux ne sont pas décorés; les deux autres, ceux d'Aï et d'Aménophis III, doivent être étudiés par MM. Bouriant et Loret; ils ne seront donc analysés ici que d'après des documents déjà publiés, et le plan du tombeau d'Aï, d'ailleurs fort simple, ne sera pas donné parce qu'il serait inédit.

Si les textes nouveaux du vaste tombeau de Ramsès VI (n° 9), figurent *in extenso* dans ce volume, c'est grâce à l'obligeant concours de MM. Naville et Schiaparelli. M. Naville a bien voulu fournir ses estampages et M. Schiaparelli ses copies, ainsi que quelques unes des copies de Rosellini. Voici l'indication des planches ou parties de planches de ce tombeau qui sont dues à chacun de ces savants :

M. NAVILLE.

Pl.	
Pl. III	(26 de la pagination générale)
IV	27 — —
V	28 — —
VI	29 — —
XV	38 — —
XVI (l. 32-41)	39 — —
XIX (l. 1-23)	42 — —
XX	43 — —
XXI	44 — —
XXII	45 — —
XXIII	46 — —
XXIV	47 — —
XXV (l. 1-27)	48 — —

M. SCHIAPARELLI.

Pl.	
Pl. I	(24 de la pagination générale)
II	25 — —
XIII	36 — —
XIV	37 — —
XVI (l. 1-8)	39 — —
XVII	40 — —
XVIII (D d'après Rosellini)	(41 de la pag. génér.)
XIX (l. 24-28)	42 —
XXV (l. 1-14, 1er registre)	48 —
XXVIII (d'après Rosellini)	51 —
XXIX id.	52 —
XXX id.	53 —

M. Schiaparelli a eu aussi la bonté de copier les textes appartenant au 2e plafond du 5e corridor du même hypogée, qui sont publiés à la page 70, et les textes qui sont publiés aux deux planches du tombeau de Ramsès VII (n° 1).

TABLE DES MATIÈRES

TEXTE

PLANCHES

AUTOGRAPHIÉ DU 7 MAI AU 31 AOUT 1886.

N°. I.

Ramsès 7.

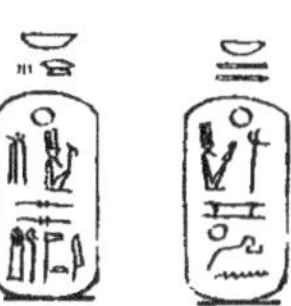

Champollion, Notices, I, 442-6 et 803-6.

Porte.

En haut. Petit bandeau. — Cartouches du roi.

Au dessous. Grand bandeau. — Le disque, entre le roi représenté deux fois et les deux déesses.

Jambages. Extérieur. — Des deux côtés, devise d'enseigne et cartouches du roi (illisibles). — Milieu. — Devise et cartouches, en deux colonnes, des deux côtés.

Plafond. — Restes indistincts de peintures, qui paraissent avoir été affrontées par jambage.

Premier Corridor.

1re Partie.

Rien sur la paroi gauche et sur la paroi droite.

Plafond. – Restes de peintures : on distingue encore deux personnages debout et une déesse à genoux.

2e Partie.

Bandeau. – Cartouches du roi.

Paroi gauche. – En une colonne, cartouches du roi, puis

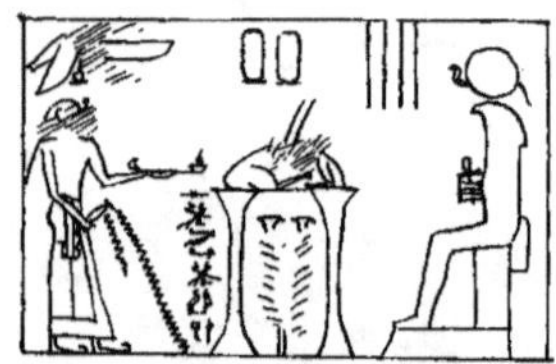

Cette scène est dans un naos à deux couvercles ; le premier est une tête d'épervier que flanquent deux yeux sacrés, et le second est surmonté d'uræus. Le second couvercle et les jambages du naos ont les légendes et les éloges du roi, débutant par sa devise d'enseigne : [hiéroglyphes]. (Champ. Mon. III, 269, 1 ; et Leps. Denkm. III, 233, a).

La première division du Livre de l'Enfer, celle où sont les deux moitiés de montagne, et les trois registres dont le texte commence par :

[hiéroglyphes], etc.

L'Anmatef versant de l'eau au roi costumé en Osiris, avec le texte de la purification :

[hieroglyphs], etc. (Champ. Not. I, 804).

Frise. – Commençant après le naos, et composée des cartouches du roi alternant avec des scarabées aux ailes déployées.

Paroi droite.

(Champ. Mon. III, 269, 2 ; le roi en pied).

a. – Colonne de texte contenant la légende du roi. b. – 7 colonnes de texte commençant par : [hieroglyphs]

et finissant par : [hieroglyphs]. C'est le début du Livre des Cavernes. c. – 11 colonnes de texte contenant le chapitre de la purification.

Le dieu assis dans le naos est Ptah-Sokar-Osiris. Dans le tableau en cinq registres qui suit le criocéphale, les ellipses couchées renferment des personnages couchés, les ellipses debout contiennent des personnages debout et accompagnés de serpents.

Plafond. – Vautours et cartouches alternant, et encadrés, sauf du côté de l'entrée, par les éloges du roi. Le plafond est plus bas que le précédent.

Salle.

Porte.

Bandeau. — Le disque ailé. Jambages. Extérieur et Milieu. — Des deux côtés, légendes du roi.

Paroi d'entrée. Côté gauche.

(Champ. Mon. III, 273, 3). (Ros. I, 19, 22).

Cette déesse est Urt hakau. L'ornement qui est représenté sous ses pieds fait le tour de la salle : les prisonniers y sont alternativement non peints et rouges.

Paroi d'entrée. Côté droit.

Cette déesse est Sekhet Bast Urt hakau.

Paroi Gauche. — Planche 1.

Paroi Droite. — Planche 2.

Paroi du fond.

Plafond. — A droite et à gauche, deux faces verticales formant frise, avec les tables des levers d'étoiles ; sur les mêmes frises, éloges du roi, audessus des tables, en une ligne horizontale de chaque côté.

Audessus de ces deux faces, le plafond est creusé en voûte, avec le tableau publié dans la Description de l'Egypte (Antiq. II, 82), c. à d. les deux déesses adossées, qui se recourbent audessus des noms des décans et de la représentation du ciel. Il y a donc là deux espèces de cartes du ciel, lesquelles ne sont pas tout à fait pareilles. L'une est :

en tout 9 personnages différents. — en tout 8 personnages différents

Voici l'autre :

en tout 9 personnages différents. — en tout 10 personnages différents.

Sarcophage.

Simple couvercle posé à terre. Autour, au milieu de la hauteur, ligne horizontale contenant un discours de Seb et un discours de Nut (Leps. Denkm. III, 233, b, c).

Sous cette ligne :

Tête.

Pieds. — Rien.

Côté gauche.

Côté droit.

Second Corridor.

Porte.

Bandeau. — Le disque ailé. Jambages. Milieu. — A gauche, le roi dit qu'il est dans le monde infernal, et à droite, qu'il est dieu.

Après la porte, il y a une partie nue de chaque côté, sur les parois de gauche et de droite.

Paroi gauche. Paroi droite.

L'ornement que voici, fait le tour du corridor.

Paroi du fond.

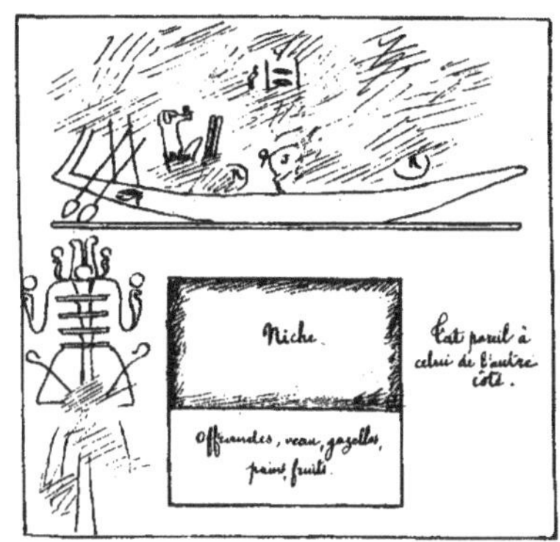

Plafond. — Momies jaunes sur fond bleu :

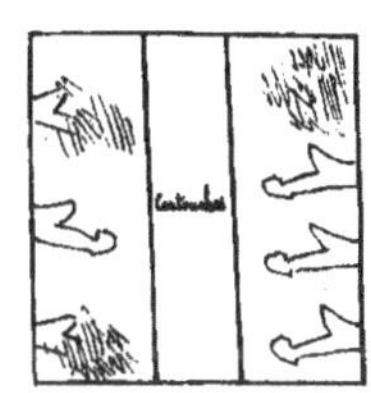

Plan du tombeau de Ramsès 7.

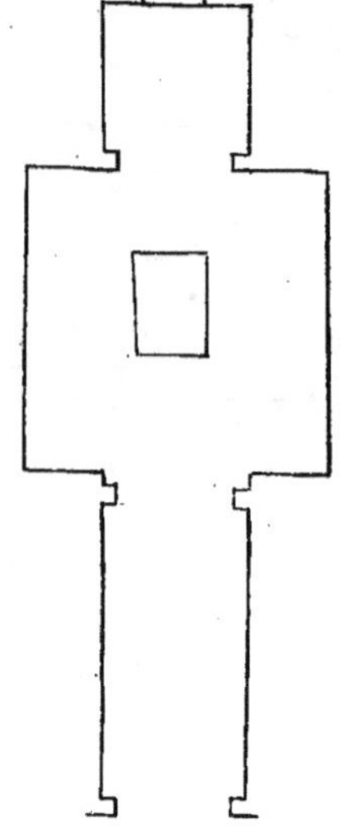

(cf. Description de l'Egypte. Antiq. II, 79, 13-4, Plan et coupe).

N° II.

Ramsès 4.

(v. troisième Division).

N° III.

Ramsès 3.

(Premier tombeau).

Champollion, Notices, I, 443-2.

Porte.

Bandeau. — Le disque ailé.

Jambages. Milieu. — A gauche.

Premier Corridor.

En haut, des deux côtés, cartouches disposés ainsi :

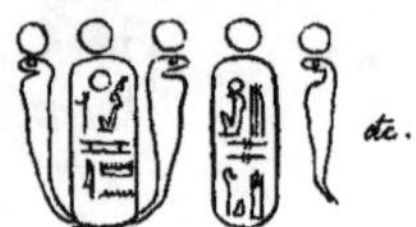

etc.

Paroi gauche.

Paroi droite.

Tous ces restes de personnages sont à environ deux pas de distance les uns des autres. Sur la paroi gauche, le premier personnage est à trois pas de la porte, et sur la paroi droite le premier en est à un pas.

Première Salle

Porte.

Bandeau. — Le disque ailé.

(Les deux salles qui viennent après celle-ci sont voûtées).

11.

Plan du premier tombeau de Ramsès 3.

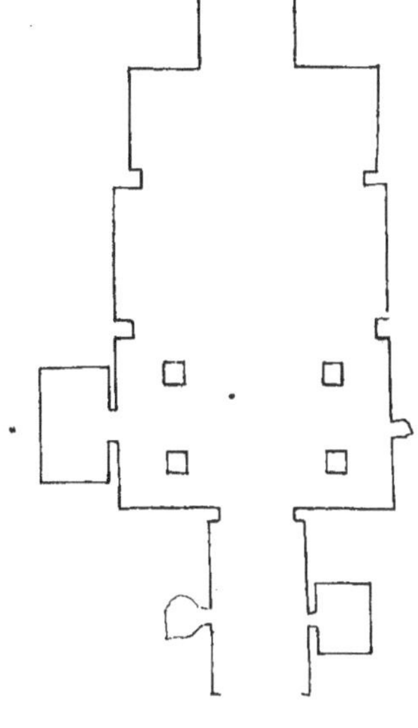

(cf. Description de l'Egypte, Antiq. II, 79, 6).

Nº IV.

Ramsès 13.

Champollion, Notices. I, 442.

Tombeau qui n'a pas été sculpté ; il a été seulement, à l'entrée, décoré à l'encre rouge retouchant une esquisse en jaune.

Porte.

Bandeau.

Jambages. Extérieur. — A droite, légende du roi, effacée. Milieu. — id.

Premier Corridor (Cf. Denk. III, 239, a)

Après les scènes, espace vide d'environ 12 pas de longueur, sur chaque paroi

13.

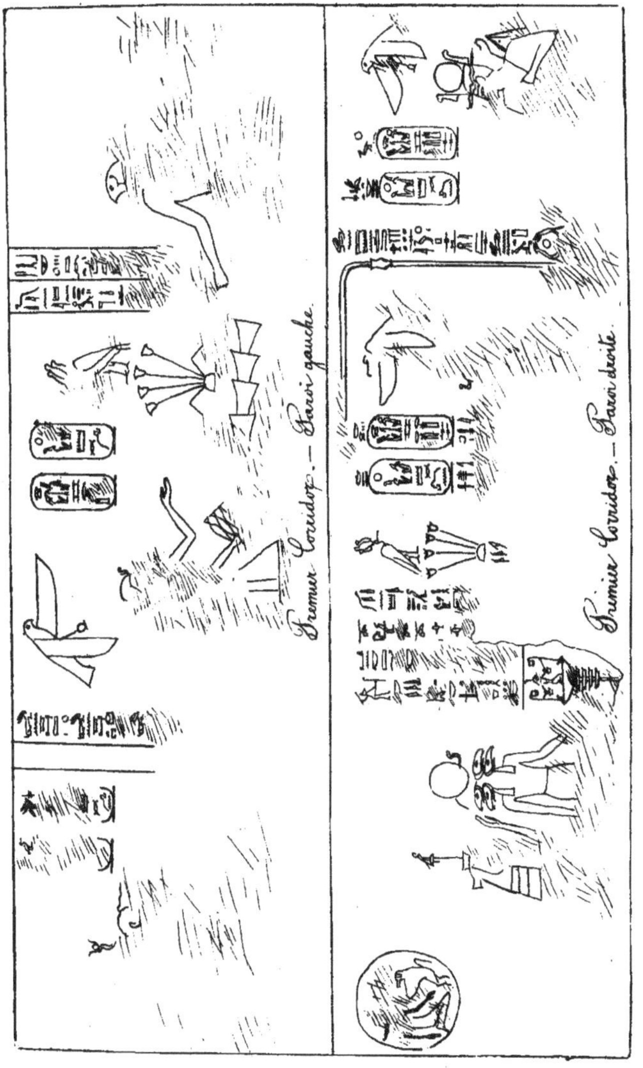

Premier Corridor. — Paroi gauche.

Premier Corridor. — Paroi droite.

14.

Plan du tombeau de Ramsès 13.

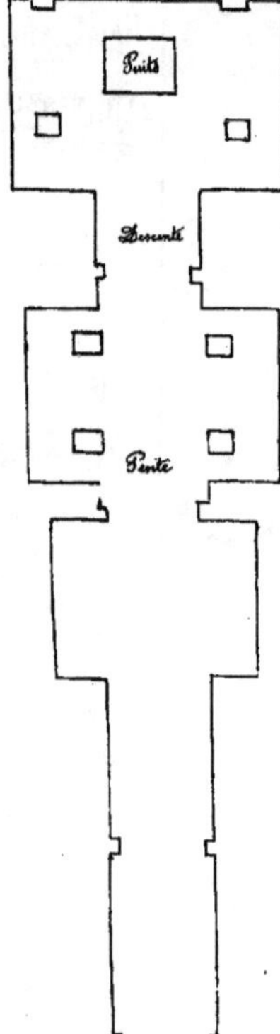

(cf. Description de l'Égypte, Antiq. II, 79, 4).

N° V.

(Anonyme).

Porte s'ouvrant sur un couloir ensablé par les eaux, et percé d'un trou de fouilleur dans les détritus.

Tout ce qu'on peut distinguer encore, c'est, au jambage gauche de la porte, côté du milieu :

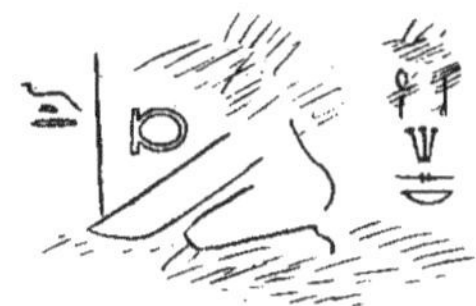

N°. VI.

Ramsès 9.

Champollion; Notices, I, 465-72 et 811-3.

Porte.

Bandeau.

Jambages. Milieu. — Enfouis et brisés ; il y avait la légende du roi.
(Le fond de toutes les parois du tombeau est blanc).

Premier Corridor :

Paroi gauche. — A demi enfouie sous les pierres, comme celle de droite.

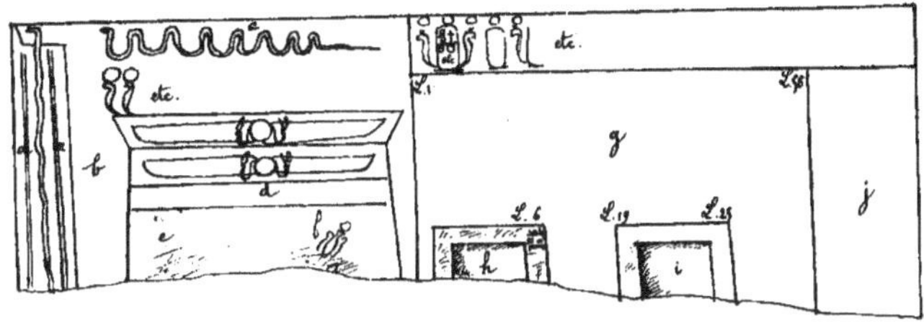

aa. — Texte ayant trait à l'ouverture des portes. b. — Légende du roi. c. — Le serpent Teka-m-ar-t-f. d. — Légende du roi : [hiéroglyphes], et les cartouches. e. — Le roi enfoui. f. — Harkhuti enfoui. g. — 58 colonnes de la Litanie du Soleil ; 1re ligne. [hiéroglyphes] etc. ; 57e et 58e lignes : [hiéroglyphes]

h. — Première chambre annexe ; dans le cadre, restes d'hiéroglyphes, comme [hiéroglyphes]. i. — Seconde chambre annexe ; cadre :

Entre les 2 chambres, 5 figurines de la Litanie sont encore visibles, au bas de leur texte.

j. — Le texte de la purification, peint seulement, en 12 lignes ; dessous, l'Anmatef Horus vengeur de son père, versant deux filets de 𓋹, 𓌀, 𓊽, autour du roi costumé en Osiris.

Paroi droite.

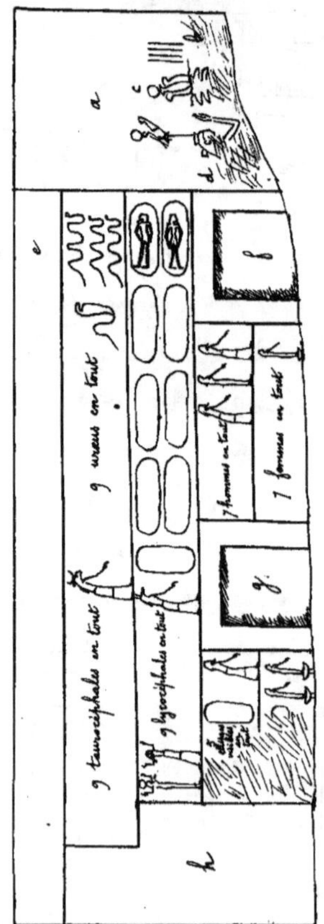

a. — Naos pareil à celui de la paroi gauche ; Champollion a copié le nom du serpent, ainsi que les légendes du dieu et de la déesse (Not. I, 466). b. — Le roi enfoui. c. — Ammon-Ra-Harkhuti. d. — Meresker. — e. — Frise pareille à celle de la paroi gauche. f. — Première chambre annexe; dans le cadre restes d'hiéroglyphes. g. — Seconde chambre annexe; dans le cadre, restes d'hiéroglyphes. — h. — 22 colonnes de texte, le début du Livre des cavernes.

22e Colonne. 1re Colonne

(cf. pour la 22e colonne, Ramsès 4, pl. 37, l. 48, et Ramsès 6, pl. 1, l. 18).

Plafond. — Vautours et cartouches.

Second Corridor.

Porte. — Bandeau.

Premiers jambages. Extérieur et milieu. — Légende du roi. Seconds jambages. — Rien.

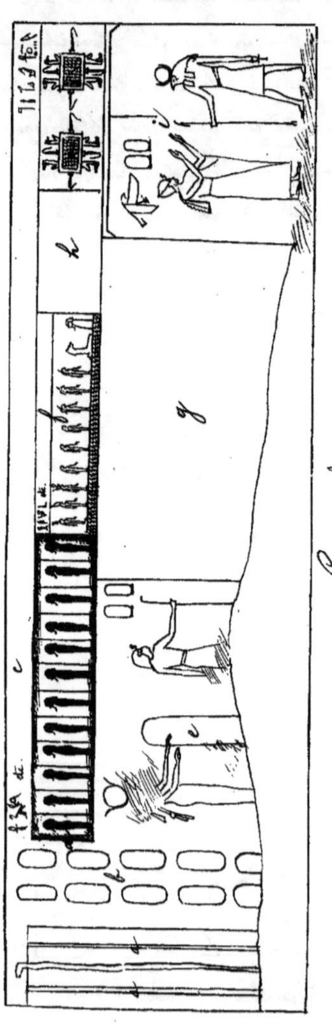

Paroi gauche.

a. — Texte publié dans Champ. Not. I, 467. b. — Ellipses avec personnages de la Litanie, noirs, momifiés, et sans noms. c. — Frise publiée dans Champ. Not. I, 468. d. — Niche contenant 12 personnages de la Litanie ; le 2e est [hieroglyphs], et les derniers sont : [hieroglyphs]

e. — Légende du roi en un seul cartouche. f. — Scènes et textes appartenant à la 2e heure de l'Amtuat. g. — Ch. 123 et partie du ch. 125 du Todtenbuch ; commencement des 4 1ères col. et de la dernière : [hieroglyphs]

(cf. Naville, Todtenbuch, II, 335, et 317-3[illegible])

h. — Ch. 126 du Todt. en 15 col.

i. — Leps. Denkm. III, 234, a.

Paroi droite. — Planches 1, 2, 3 et 4.

La niche de cette paroi est seulement peinte, et les textes y sont écrits avec une encre noire très pâle. Le reste de la paroi est gravé et peint.

Plafond. — A l'entrée, un grand disque rouge aux ailes abaissées au dessus de deux barques, et, de chaque côté, douze personnages à ⟆ superposés trois par trois. Ensuite, de chaque côté, les tables des levers d'étoiles (Leps. Denkm. III, 288 bis), encadrant à droite et à gauche un ciel double, comme au plafond de Ramsès 7, avec, en plus, cinq barques remorquées (cf. Brugsch, Thesaurus In. Astronom. 64-6, 124-6, et 185-94).

Troisième Corridor.

Porte.

Bandeau :

Jambages. Extérieur. — A gauche, en une ligne : légende du roi (cf. Cham. Not. I. 469). A droite, en une ligne :

Milieu. — Cartouches du roi.

Plafond :

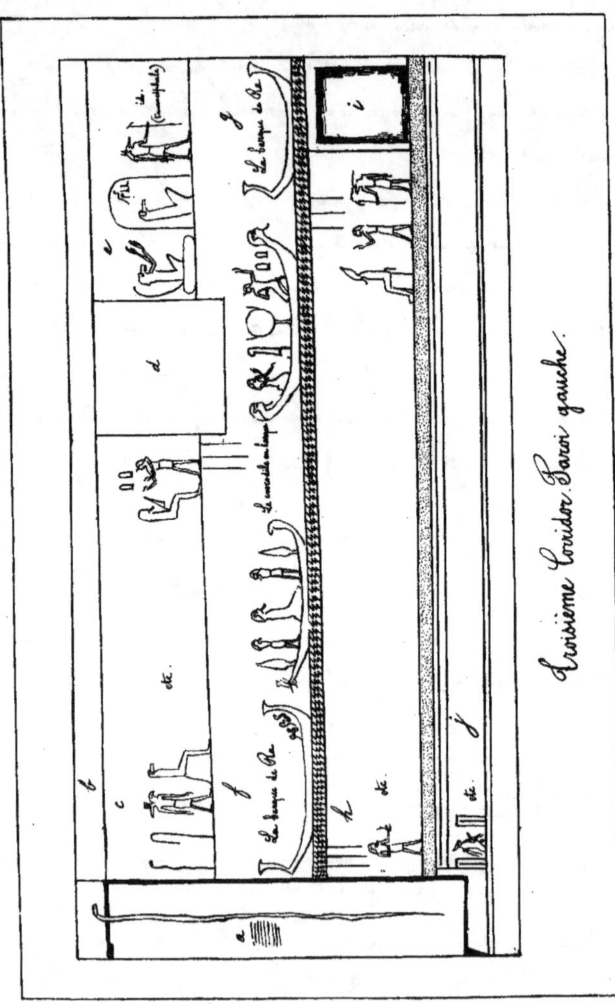

Troisième Corridor. Paroi gauche.

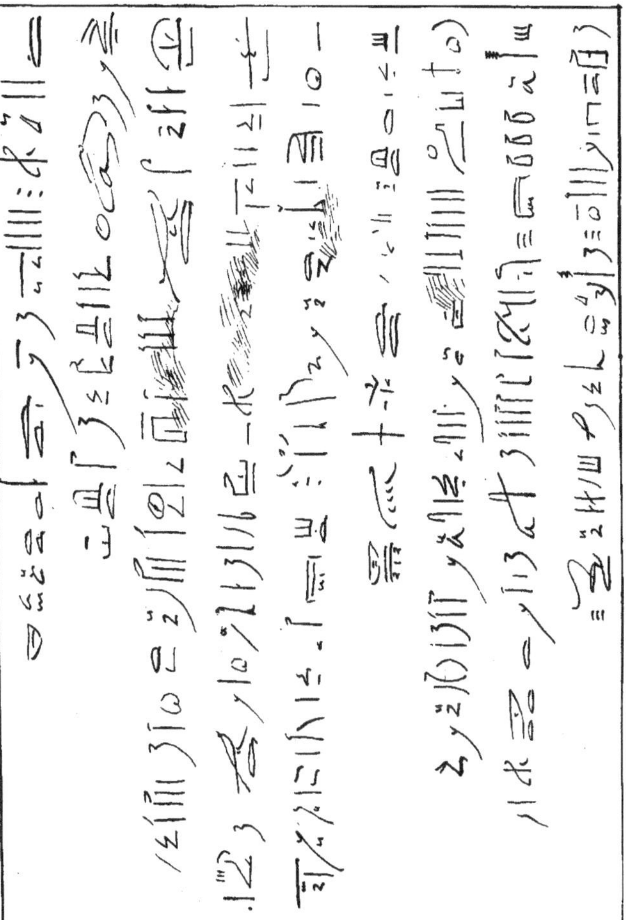

a. — Texte hiératique

b. — Frise publiée dans Champ. Not. I, 812. c. — Suite du premier registre de la 2e heure de l'Amtuat (v. second corridor, paroi gauche). Publié dans Leps. Denkm. III, 234, b, c, texte et scènes. d. — Texte initial de la 3e heure de l'Amtuat : il commence par :

et la dernière ligne est :

e. — Commencement du premier registre de la 3e heure de l'Amtuat, sans le texte. f. — 2e registre de la 2e heure de l'Amtuat ; le texte finit audessus du crocodile en barque, par :

g. — Commencement du 2e registre de la 3e heure de l'Amtuat, sans le texte. h. — 3e registre de la 2e heure de l'Amtuat : le texte commence par : ; il finit par :

i. — Niche. j. — Encadrement dont voici le détail :

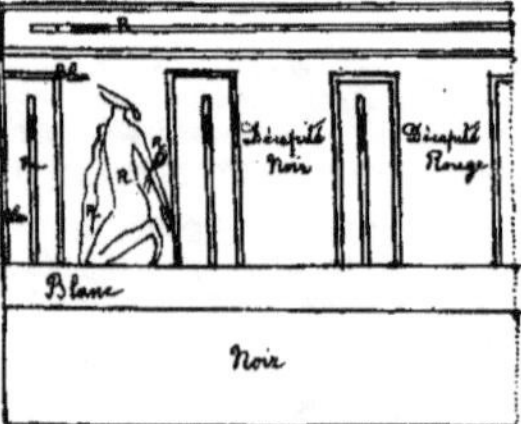

Paroi droite. Commencement. — Planches 5 et 6. Cf. pour le roi offrant Maat. Champ. Mon. III, 269, 4, et Ros. I, 18, 14, et pour un portrait semblable du même roi, Devéria, Catalogue des manuscrits, p. 264-5.

Dans cette partie de la paroi, l'une des deux inscriptions hiératiques de la porte peinte sur le mur, reproduit le texte hiéroglyphique qui se trouve à l'extérieur des jambages droit et gauche de la porte de la première salle, et qui est le début du chapitre 130 du Todtenbuch : cette inscription n'est, par conséquent, pas donnée ici. — Les feuilles qui figurent sous les deux tables d'offrandes sont seulement peintes : ce sont des taches vertes. — Le disque à scarabée qui est représenté sur la momie à demi couchée dans la montagne, a une tête d'épervier. — La frise, copiée par Champollion avec quelques erreurs (Not. I, 812), est :

Cette frise occupe toute la longueur de la paroi.

Paroi droite. Fin. — Planches 7 et 8. Cf. pour les momies renversées du 3e registre, Descrip. de l'Égypte. Antiq. II, 86, 1.

Plafond. — A personnages jaunes sur fond bleu. Les scènes des personnages phalliques ou non sur leurs lits, avec femmes tenant des enfants, et commençant par des momies sur leurs lits devant Horus (Champ. Mon. III, 270; et Ros. II, 121). Deux grandes images du roi, la première à [hiéroglyphe] et la seconde à [hiéroglyphe], formant le centre du plafond; deux rangées de huit personnages, hommes et femmes ; uraeus entourant les cartouches ; six rangées de personnages tournés en divers sens. Les tableaux sont encadrés, à gauche et tout au long de la paroi, par huit baris du dieu criocéphale différemment entourées, et, à droite, par quatre uræus un peu en avant du roi, puis, après le roi, par une rangée de personnages en cinq groupes.

Première Salle.

Porte.

Bandeau. — Détruit.

Jambages : — A gauche : A droite :

Extérieur. Milieu. Milieu Extérieur.

Parois d'entrée, de gauche et de droite. — Rien.

Paroi du fond. — à gauche: à droite:

A.

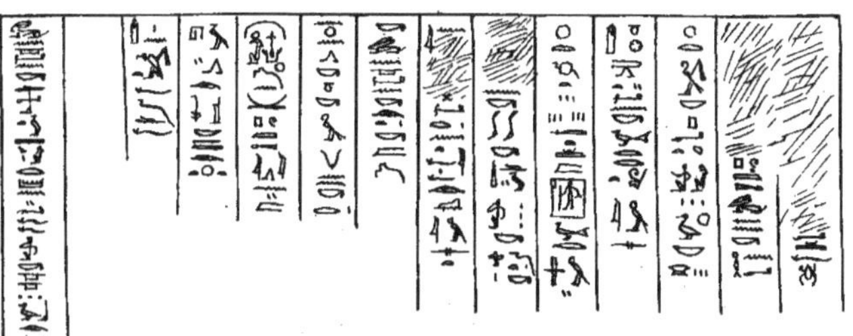

B.

Seconde Salle.

Porte.

Bandeau

Jambages. Milieu.

A gauche:

etc. Comme à la 1re salle

A droite:

etc. Comme à la 1re salle

Parois et Piliers. — Rien. Il y a 4 piliers dans cette salle.

Descente.

Cette partie du tombeau, dont la pente commence dans la salle qui précède, a son plafond plus bas que le sol de cette salle. Elle n'a pas été décorée.

Troisième Salle.

Porte.

Bandeau. — Coupé. Premiers jambages. Extérieur et Milieu.

Extérieur. A gauche:

A gauche:

Milieu.

A droite:

Milieu.

Extérieur. A droite:

Cette salle et son puits renferment une grande quantité d'éclats de pierres.

Paroi d'Entrée. Côté gauche. — Planche 9

Paroi Gauche. — Planches 10, 11 et 12.

Paroi d'Entrée. Côté droit. — Planche 13.

Paroi Droite. — Planches 14, 15, 16 et 17.

Paroi du Fond. — Planche 18.

Voûte. — Planche 19. — Le tableau des singes adorant le Soleil est à l'entrée.

Remarques.

Dans le troisième Corridor et la troisième Salle, quelques parties des textes sont écrites à l'encre rouge. Il a été facile de les signaler en renforçant le trait pour les hiéroglyphes, qui se trouvent ainsi en noir (cf. Planches 9, 10, 11, 12 et 17); mais cet artifice n'a pu être employé pour l'hiératique ou le demi-hiératique de la troisième Salle (paroi droite). Là, au 1er registre, les noms des personnages de la 1ère scène sont écrits en rouge, sauf les deux derniers, et . Dans la 1ère ligne du texte hiératique, de la même scène (planche 15, A), les mots et , sont aussi en rouge. Il en est de même au 2e registre, à la 1ère scène, pour la ligne , et, à la 2e scène, pour le nom du personnage debout (planche 14, B et C).

Dans cette dernière scène, les pointillés, les disques et les étoiles sont rouges.

Les deux portraits publiés dans Rosellini, I, 8, 31, et dans Champollion, Monuments, III, 269, 3, ont été copiés dans ce tombeau.

Quelques fragments en bronze, ivoire et bois, d'une sorte de sellette au nom de Ramsès 9, se trouvaient dans la cachette de Deir el Bahari et sont maintenant au Musée de Boulaq (G. Maspero et E. Brugsch, la Trouvaille de Deir el Bahari, p. 14).

N° VII.

Ramsès 2.

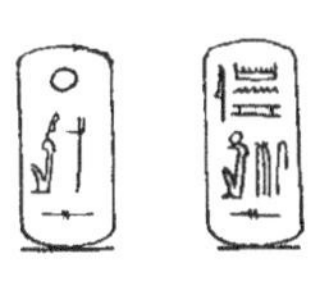

Champollion, Notices, I, 446 et 447.

Le tombeau est presque entièrement ensablé, sauf du côté gauche, au commencement. La décoration visible va jusqu'au jambage gauche de la porte du 2e corridor. Le 2e corridor reste ouvert au milieu, mais ses deux parois sont cachées

Porte.

Bandeau

Le fond de la scène est peint en jaune avec points rouges, le disque

solaire est jaune, et le criocéphale conserve, à la face, des restes de couleur verte.

Jambage gauche. Milieu:

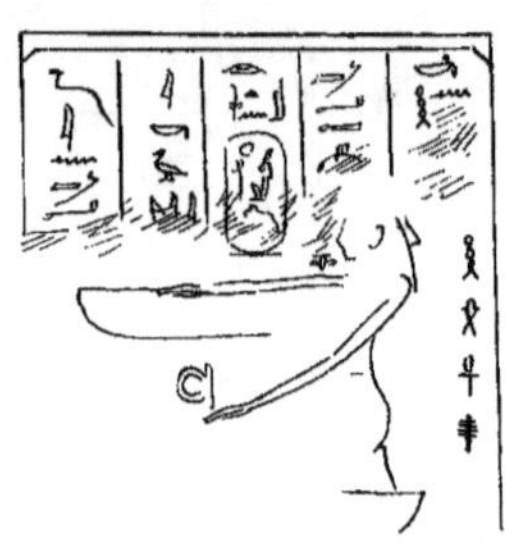

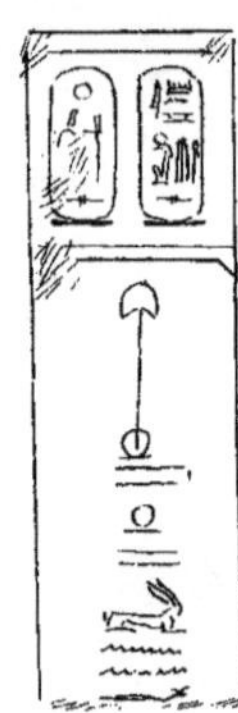

Premier Corridor.

Paroi gauche. — Dans sa partie visible, pareille à la paroi correspondante du tombeau de Séti 1er; la sculpture est en relief, et les couleurs sont effacées. Le tableau du roi devant Harkhuti est dans Lepsius, Denkm. III, 172, g.

Remarques.

La momie du pharaon se trouvait dans la cachette de Deir el Bahari, renfermée dans un sarcophage en bois non peint, qui semble de la vingtième dynastie: elle est au Musée de Boulaq, où elle a été démaillottée récemment.

Dès le règne de Ramsès 10, des voleurs avaient pénétré dans le tombeau de Ramsès 2, d'après le papyrus Meyer A du

Musée de Liverpool, analysé par M. Goodwin (Zeitschrift, 1873, p. 39, et 1874, p. 61-5). Sous les Lagides, ce tombeau était accessible aux visiteurs, au moins à l'entrée, comme le montrent quelques graffiti. Champollion, qui le trouva ensablé, en déblaya le commencement, du côté gauche : « c'est, dit-il, en faisant creuser une espèce de boyau au milieu des éclats de pierres qui remplissent cette intéressante catacombe que nous sommes parvenus, en rampant et malgré l'extrême chaleur, jusqu'à la première salle (Lettres écrites d'Egypte et de Nubie, nouvelle édition, p. 208). Rosellini pénétra de son côté jusqu'à la première salle à piliers, où sa bougie s'éteignit, faute d'air (Monumenti storici, Texte, t. III, 2e partie, p. 286) : cette salle et ses piliers sont décorés. Lepsius, grâce à des fouilles plus complètes, put relever le plan de l'hypogée, dont les parois, remarque-t-il dans son introduction aux Denkmaeler, p. 13, ont été fort endommagées par le limon et le gravier. Depuis, de nouveaux ensablements se sont produits, et le tombeau n'est pas plus accessible aujourd'hui qu'au temps de Champollion.

Le plan de la tombe de Ramsès 2 a été publié par Lepsius, Denkm. I, 97 par Prisse d'Avennes (l'Art égyptien), qui paraît l'avoir copié dans Lepsius, et par Perrot et Chipiez (Histoire de l'Art dans l'Antiquité, t. I, l'Egypte, p. 288), qui l'ont copié dans Prisse d'Avennes : c'est d'après l'ouvrage de Perrot et Chipiez qu'il est reproduit ici.

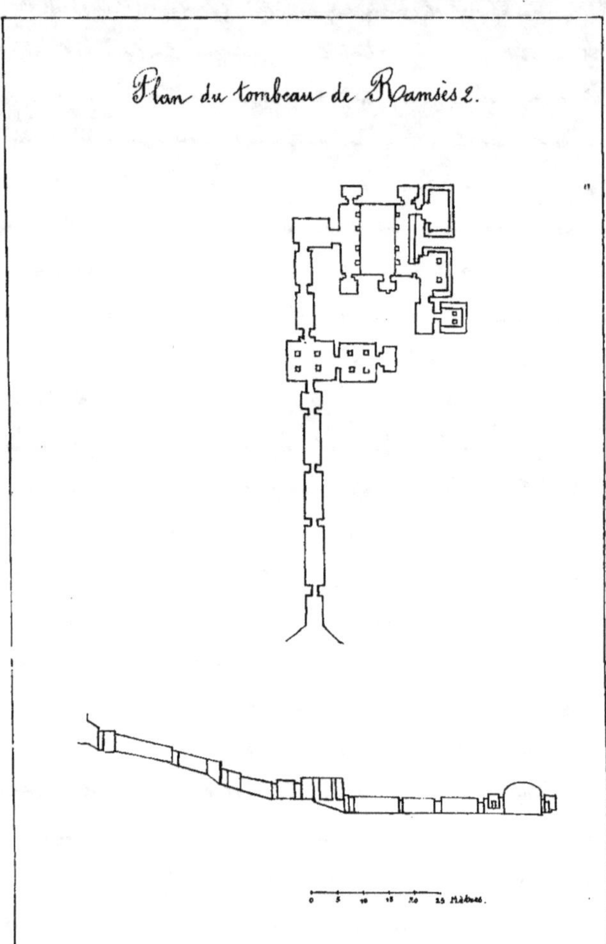
Plan du tombeau de Ramsès 2.
0 5 10 15 20 25 Mètres.

N° VIII.

Ménéptah 1er.

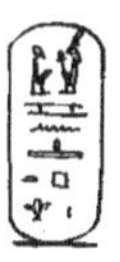

Champollion, Notices, I, 821-9.

Porte.

Bandeau.

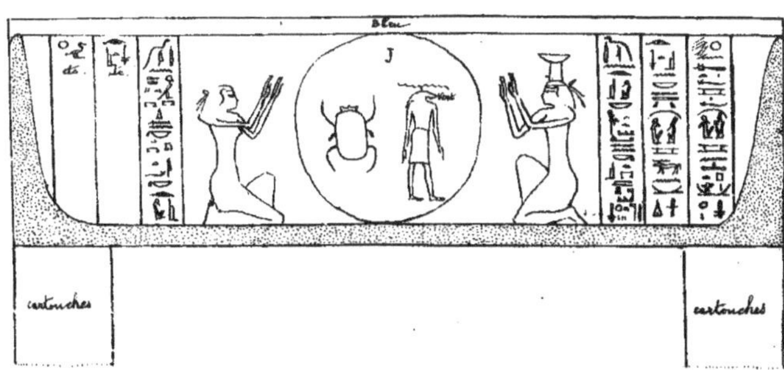

Jambages. Extérieur. — Après les cartouches, petit discours au roi, v. Champ. Not. I, p. 823. Milieu. — Coupés à droite et à gauche, à côté des trous pour les gonds : on voit encore des deux côtés, en haut, au dessus de la coupure, l'ornement fait de 𓋹𓋹𓋹, et, à droite le haut des cartouches.

Premier Corridor.

Première partie. — De chaque côté, espace nu, ménagé sans doute pour la porte, et sur la paroi de gauche, sous un disque ailé, le roi en costume long et transparent devant Harkhuti (Champ. Mon. III, 252 ; cf. Prisse d'Avennes, l'Art égyptien). Après ce tableau, le plafond est plus bas.

Seconde partie. — Bandeau.

Paroi gauche. — Titre de la Litanie du Soleil, en 3 colonnes (Leps. Denk. III, 203, a). Tableau du disque entre le serpent, le crocodile et les deux têtes de bœuf ; 95 col. de la Litanie. — Paroi droite. — 112 col. de la Litanie. — Plafond. — Vautours à mitre et flabellum, et cartouches.

Second Corridor.

Porte.

Bandeau. — Le disque ailé au dessus des cartouches, et, de chaque côté du disque, 2 petites colonnes de texte.

Premiers jambages. — Coupés à droite et à gauche, avec deux entailles de chaque côté. — Seconds jambages. Milieu. — De chaque côté, 4 col.

de la Litanie Intérieur. — Représentation de deux portes de l'Enfer.

A gauche: A droite:

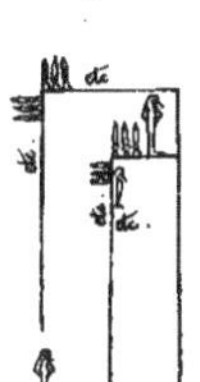

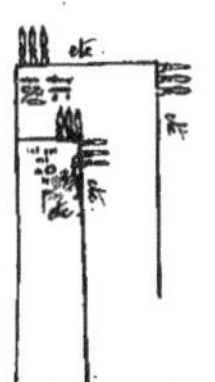

A gauche, la porte est celle du serpent Akebi, qui ouvre sa porte à Khuti, etc. (2e division du Livre de l'Enfer). A droite, la porte est celle du serpent Djetbi (3e division du Livre de l'Enfer).

Paroi gauche.

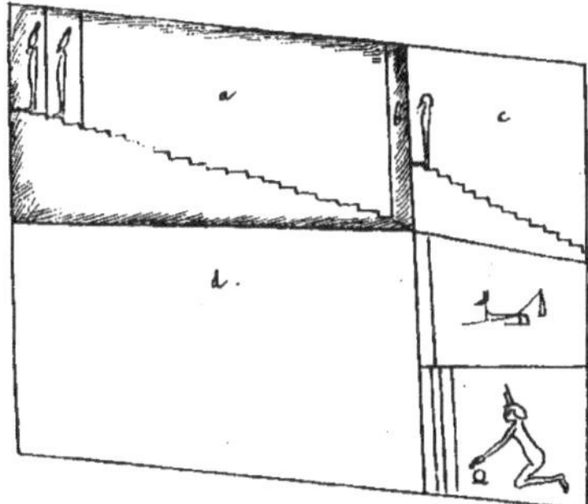

a. — Niche; sur la paroi du fond sont représentés 20 personnages de la Litanie. b. — Paroi droite de la niche, avec [hiéroglyphes]. c. — 17 personnages de la Litanie; le premier est Amen-Kha-t-u. d. — 40 ou 41 lignes de texte; la place de la première ligne est endommagée.

38.

Paroi droite. — Même disposition que pour la paroi gauche. Dans la niche, 20 personnages de la Litanie sur l'escalier, avec les deux Ti et le Tat sur la petite paroi de la niche ; à la suite, 17 personnages de la Litanie (les Urshi-u sont sur un ⬭ à points rouges). Sous la niche, une quarantaine de lignes assez mutilées, le mur étant là presque sans stuc. Sous la 2e série de personnages, un chacal au-dessus de Nephthys.

Les deux inscriptions qui sont sous les deux niches débutent ainsi :

A gauche : A droite :

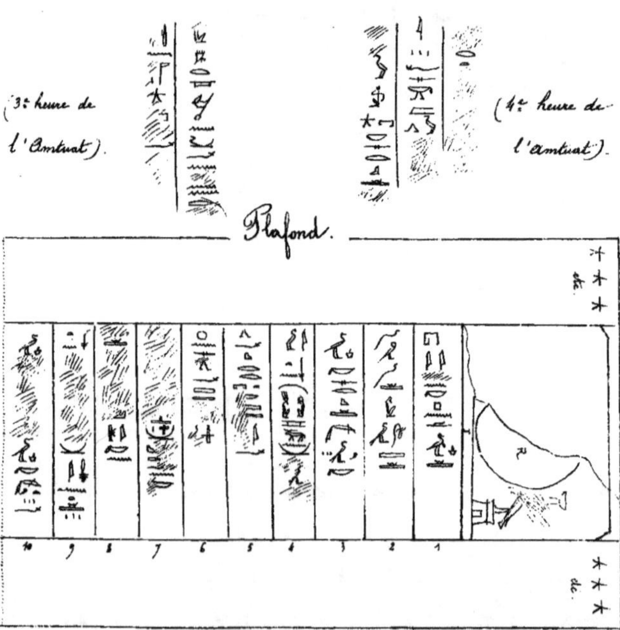

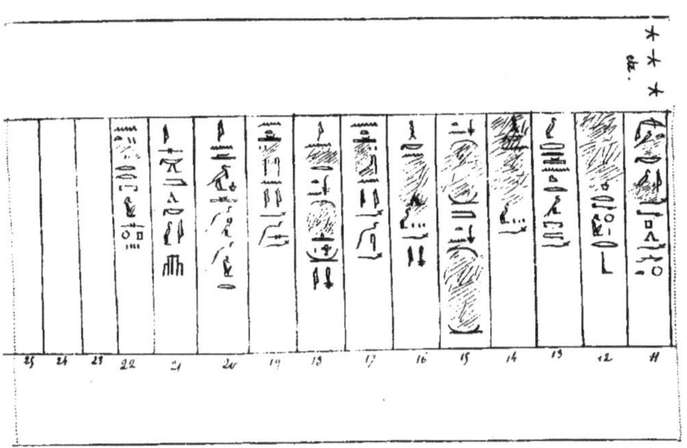

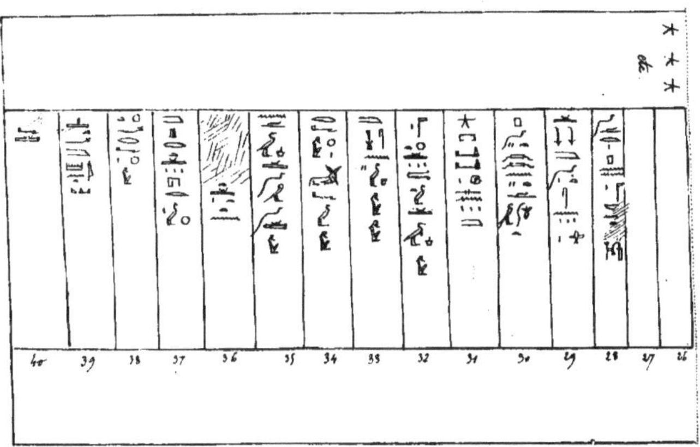

Le plafond est peint en bleu; les étoiles sont jaunes, la bande du texte est bleue.

Troisième Corridor.

Porte.

Bandeau. — Les cartouches du roi. Jambages. — Ont été coupés, à droite et à gauche, ave ntaille de chaque côté, comme les premiers jambages de la porte précéente.

Paroi gauche.

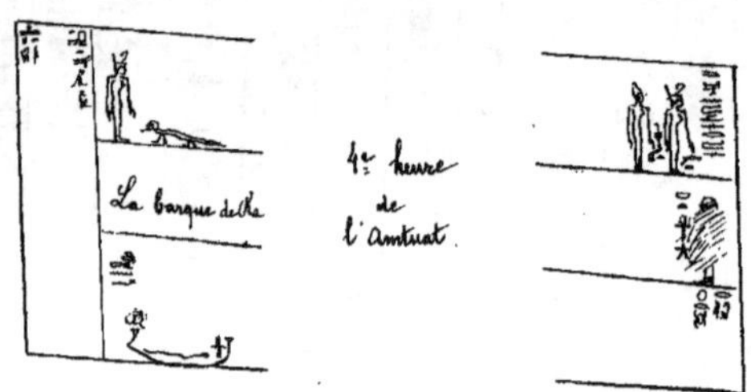

Paroi droite.

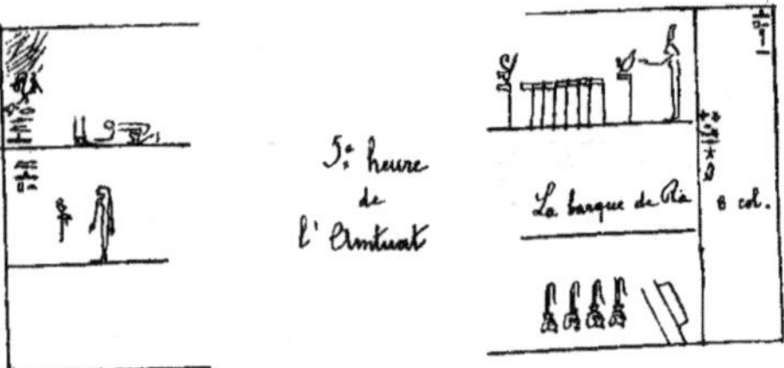

A la fin de chaque paroi, une petite niche, comme c'est la coutume au 3e corridor.

Plafond. — Bleu à étoiles jaunes.

Première Salle.

Porte.

Bandeau. — Le disque ailé, et au dessus, les cartouches.

Premiers Jambages. — Coupés des deux côtés, et ayant deux entailles de chaque côté. Seconds jambages. Intérieur. — A gauche, 3 colonnes de texte, avec : ce dieu se place en cette caverne; nom de l'heure : la dame de la barque, Khesef.t seba.u, etc. (11e heure de l'Amtuat, à droite : 3 colonnes de texte, avec mes aru et tentet uhest (10e heure de l'Amtuat,

Paroi d'entrée : côté gauche. Paroi gauche.

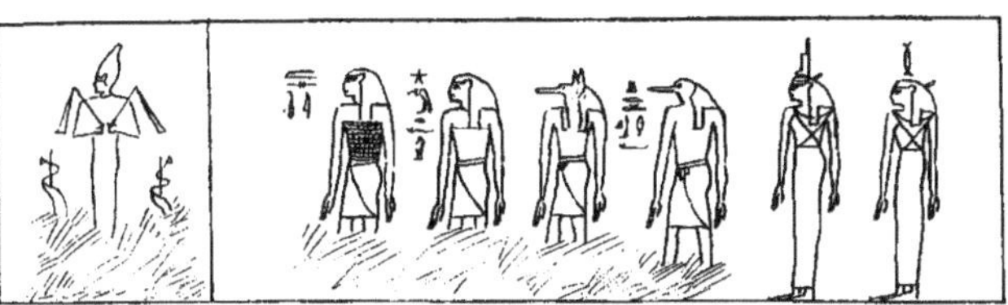

Paroi d'entrée : côté droit. Paroi droite.

Paroi du fond.

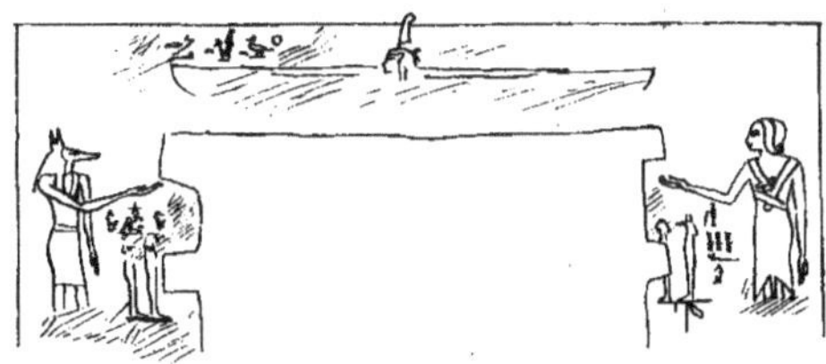

Pour les légendes des personnages, v. Champ. Not. I, 823-4. L'Anmatef de la paroi du fond est dans Champ. Mon. III, 252, 2, et sauf erreur, dans Ros. I, 17, 5. Dans ce dernier recueil, l'Anmatef regarde à droite, non à gauche.

Plafond. _ Étoiles.

Seconde Salle.

Porte.

Bandeau. — La déesse Mat copiée avec la paroi du fond de la salle précédente. — Premiers jambages. — Rien ; c'est dans ceux-là qu'on a fait les entailles. — Seconds jambages. Milieu :

à gauche : à droite :

Les textes qui sont sous les chacals se trouvent dans Champ. Not. I, 825 ; cf. pour le texte de gauche, Todtenbuch, ch. 146, l. 7-13, et pour celui de droite id. l. 17-21.

Paroi d'entrée. Côté gauche.

Paroi gauche.

La division du Livre de l'Enfer représentée sur ces parois est la quatrième.

43.

Dernière col. du 1er registre de la paroi gauche : [hiéroglyphes]

Paroi d'entrée. Côté droit.

Commencement de la 5e division du Livre de l'Enfer. Le serpent est [hiéroglyphes]

Paroi droite.

C'est la suite de la 5e division du Livre de l'Enfer, et au 2e registre, après la porte, de la 3e.

Paroi du fond. Côté gauche.

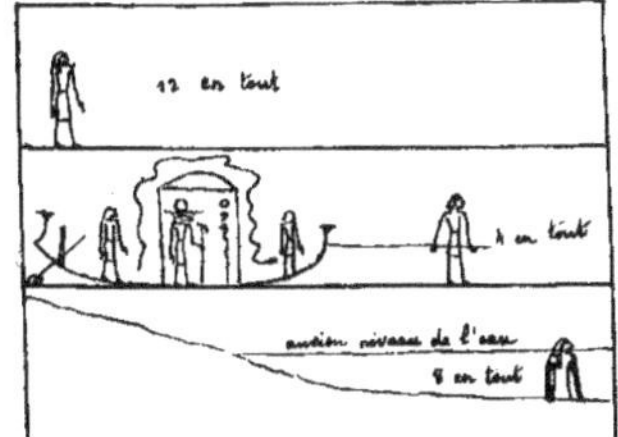

Paroi du fond. Côté droit.

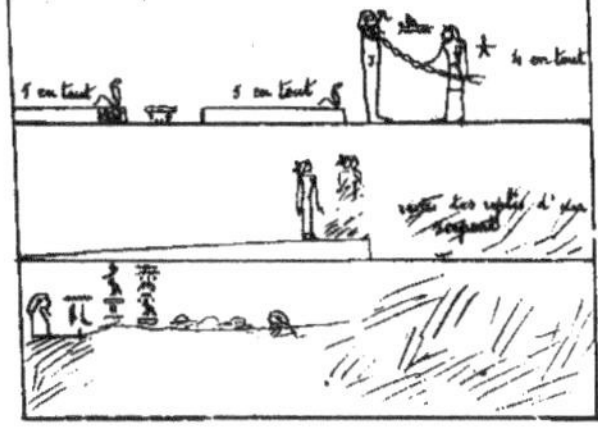

Au côté gauche, il y a le début de la 3e division du Livre de l'Enfer. Le 1er registre commence ainsi :

etc.

Au côté droit, il y a la fin de la 5e division du Livre de l'Enfer (1er et 3e registres), et la suite de la 3e division (1er et 2e registres). Voici le texte relatif à la momie et aux tireurs de corde (1er registre) :

14 13 12 11 10 9 8 7 6 5 4 3 2 1

27 26 25 24 23 22 21 20 19 18 17 16 15

La première colonne n'appartient pas à la paroi du fond, mais à la fin de la paroi droite.

Paroi du fond. Milieu.

Cette partie de la paroi se trouve au dessus de la descente, qui est entièrement enfouie aujourd'hui, et remplie de limon apporté par les eaux.

Piliers.

Pilier de gauche.

Entrée. Gauche. Droite. Fond.

Pilier de droite. — Détruit, sauf les hiéroglyphes. Entrée. — Le roi offrait Ma·t à Osiris. Gauche. — Le roi était devant Harkhuti. Droite. — Le roi offrait le vin à Ptah. Fond. — Le roi était devant Anubis.

Plafond. — Bleu à étoiles jaunes.

Chambre annexe.

Inachevée. La petite niche qui est au milieu de la paroi gauche a seule été décorée.

Niche.

Parois d'entrée. — A droite et à gauche, les cartouches de Ramsès 2.

Paroi gauche. Paroi du fond. Paroi droite.

Pour les légendes des personnages et l'Osiris assis de la paroi du fond, v. Ch. Not. I, 828.

Remarques.

Avant la porte d'entrée, dans les parois de l'avenue à ciel ouvert, il y a deux trous creusés de main d'homme, l'un en forme de carré long à gauche, l'autre carré et petit, à droite. Vers le milieu du premier corridor, deux trous pareils.

Ça et là, sur le chemin, quelques petits fragments de granit rose provenant du sarcophage.

Les portraits du roi qui sont dans Champollion, Mon. III, 252 bis, 1, et dans Rosellini, I, 7, 25, ont été copiés dans ce tombeau. Il doit en être de même du portrait publié par Lepsius, Denkm. III, 298, 64.

47.

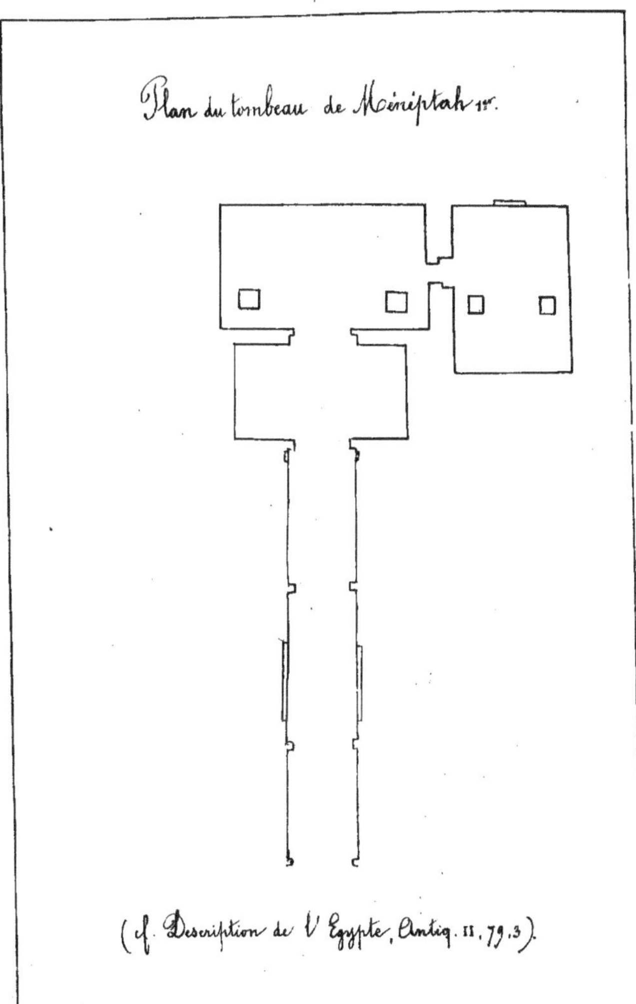

Plan du tombeau de Ménéptah 1er.

(cf. Description de l'Egypte, Antiq. II, 79, 3).

N°. IX.

Ramsès 6.

Champollion, Notices, II, 490-688.

Porte.

Bandeau. — Le disque contenant un scarabée et un criocéphale, entre Isis et Nephthys : de chaque côté, les cartouches (du roi et de son prédécesseur) copiés par Lepsius, Denkm. III, 223, a.

Jambages. Extérieur et Milieu. — Des deux côtés, légendes du roi, avec la devise d'enseigne signalée par Champollion (490) : [hieroglyphs].

Premier Corridor.

Place nue, de chaque côté, après laquelle commence un plafond plus bas ayant en bandeau la légende du roi, détruite aujourd'hui.

49.

Paroi gauche.

Légende du roi. Le roi, retouché, devant Harkhuti et Osiris : ce dernier avait sur la boucle de sa ceinture, du temps de Champollion et de Lepsius, un des cartouches du roi, qui a disparu (Leps. Denkm. III, 224, d). — 1re division du Livre de l'Enfer, en trois registres, avec la montagne infernale, le battant du serpent, et les Hataptiu. — Légende du roi, avec la devise d'enseigne : Ka nakht. — 2e division du Livre de l'Enfer, en trois registres, avec la porte du serpent Akebi, et les momies sous un serpent, etc. — Légende royale.

Paroi droite.

Le roi devant le dieu hiéracocéphale et Osiris. — Le disque, un criocéphale, et le tableau publié par Champollion (493). — 43 colonnes du début du Livre des Cavernes, en assez mauvais état : planches 1 et 2.

Plafond. — Au milieu, la carte ordinaire du ciel égyptien ; à droite, restes des tables de levers d'étoiles ; le roi devant cinq barques.

Second Corridor.

Porte.

Bandeau. — Le disque ailé. — Jambages. Extérieur. — Des deux côtés, éloges du roi, en mauvais état. — Milieu. — Des deux côtés, légendes du roi. — Plafond de la porte. — Vautour aux ailes déployées.

Paroi gauche.

3e division du Livre de l'Enfer, avec la porte du serpent nommé [hieroglyphs], les heures (cf. Descrip. de l'Eg. Antiq. II, 83, 2), et Herert; en trois registres; les uraeus sur le bassin sont dans la niche. — 4e division du Livre de l'Enfer, en trois registres, avec la porte du serpent [hieroglyphs], les quatre races, etc. — Partie de la 5e division du Livre de l'Enfer, c. à. d. la porte du serpent Setemartef avec Osiris et le porc (Descrip. de l'Eg. Antiq. II, 83, 1; Champ. Mon. III, 272; et Ros. III, 66). — Au dessous de la division de Tekher et de la porte de Setemartef, 5e division du Livre de l'Enfer, en trois registres, en mauvais état, avec Aken, etc. — Partie de la 6e division du Livre de l'Enfer, c. à. d. la porte, extrêmement mutilée, du serpent [hieroglyphs], appelée [hieroglyphs]: la momie d'en haut est [hieroglyphs], et celle d'en bas se trouve effacée. Voici la fin du texte d'Aken, et le commencement du texte de la porte [hieroglyphs]:

Paroi droite.

Le tableau publié dans Champollion (498 et 497). La fin des 2e et 3e registres de ce tableau est dans la niche, c. à. d: fin du 2e registre: 2 pleureurs à ajouter aux 7 qui sont dans Champollion, 12 ellipses, et 1 criocéphale; fin du 3e registre: 2 adorateurs, dont 1 à ajouter aux 3 qui sont dans Champollion, 1 coffre, 2 adorateurs, 3 têtes de bélier, et 5 têtes de chacal accompagnées de disques. — 61 colonnes de texte, commençant par [hiéroglyphes], les 12 colonnes d'invocations à Osiris copiées par Champollion (499-500), et 14 col. de texte finissant par [hiéroglyphes]. planches 3, 4 et 5. — Le tableau en trois registres publié dans Champollion (501-500), avec textes: planche 6.

Plafond. — Comme celui du premier Corridor et en mauvais état aussi. Pour ces plafonds, v. Brugsch, Thesaurus Inscript. Astron. 64-6 et 124-6.

Troisième Corridor.

Porte.

Bandeau. — Le disque ailé. Jambages. Extérieur. — Des deux côtés, éloges du roi. Milieu. — Légende du roi. — Plafond. — Le vautour ailé.

Paroi gauche.

6e division du Livre de l'Enfer: en trois registres, avec les porteurs de corbeilles et de plumes, les poteaux, et les moissonneurs: planches 7 et 8. — 7e division du Livre de l'Enfer, en trois registres, avec le battant du serpent [hiéroglyphes], les porteurs de la corde des heures, les dieux mâles, etc.: planches 9, 10 et 11. — Partie de la 8e division du Livre de l'Enfer, c. à. d. le battant de porte du serpent [hiéroglyphes]; la porte est [hiéroglyphes]; le premier gardien, en haut, n'a pas de nom; celui d'en bas est [hiéroglyphes]; et l'Ennéade est dite [hiéroglyphes]. — Le battant n'occupe que la hauteur des deux premiers registres de la division précédente: sous lui, à la hauteur du troisième registre, s'ouvre une niche.

Niche. — Encadrée d'hiéroglyphes effacés et contenant 23 colonnes de texte : planche 12. (cf. Naville, la destruction des hommes, l. 84 et suivantes.)

Paroi droite. En trois parties.

Première partie. En trois registres.

Premier registre. — 6 colonnes non copiées par Champollion : planche 13, A. — 3 col. copiées en 4 col. par Champollion (505), et 7 dieux à face noire sous un serpent (505). — 9 col. non copiées par Ch. : planche 13, B. — Les deux crioréphales couchés de la p. 506 de Champollion, chacun dans une tombe surmontée d'un disque : avant le 1er disque :

Entre les deux tombes, 4 colonnes dont Champ. n'a copié que le commencement :

Osiris dans sa chapelle flanquée de huit ellipses (N° 4 de Champ. 506). — 6 colonnes non copiées par Champollion : planche 13, C. — 3 ellipses copiées par Champollion sous le n° 3 (506). — 6 colonnes non copiées par Champollion : planche 13, D.

Second registre. — 4 Osiris noirs, n° 1 de Champollion (506), avec 20 colonnes, non copiées par Champollion, commençant au dessus de la tête du premier Osiris ; la 1ère de ces colonnes débute par [hiéroglyphes], et la dernière finit par [hiéroglyphes] : planche 13, E. Il y a dans ces 20 colonnes trois commencements de textes, dont deux avec ce dieu dans ce tableau. — Le double sphinx et ses deux inscriptions qui sont dans Champollion (507) : à la col. 7 de l'inscription en 10 col., il y a en réalité [hieroglyph], au lieu de [hieroglyph], et à la col. 2 de l'autre texte, [hieroglyph] au lieu de [hieroglyph] (cf. Description de l'Eg. Antiq. II, 84, 2). — 5 colonnes non copiées par Champollion : <u>planche 13, F</u>. — Le serpent noir en carré et les 4 personnages copiés à côté par Champollion (508), mais se faisant suite et non superposés. — 7 colonnes non copiées par Champollion : <u>planche 13, G</u>. — La scène suivante :

Derrière cette scène sont 3 colonnes en mauvais état non copiées par Champollion : <u>planche 13, H</u>.

Troisième registre. — 5 colonnes non copiées par Champollion : <u>planche 14, A</u>. — Les 5 personnages noirs renversés copiés par Champollion sous le n° 1 (509). — 11 colonnes non copiées par Champollion : <u>planche 14, B</u>. — Le dieu couché dans un serpent (n° 2 de Champollion, 509). — 9 colonnes non copiées par Champollion : <u>planche 14, C</u>. — Les 8 personnages renversés copiés par Champollion sous le n° 3 (510). — 5 colonnes en mauvais état non copiées par Champollion : <u>planche 14, D</u>. — Le tableau des 4 femmes et des 4 âmes renversées copié par Champollion sous le n° 4 (510). —

6 colonnes en mauvais état non copiées par Champollion : planche 14, E.

Seconde partie.

Battant de porte avec serpent, de toute la hauteur de la paroi (511).

Troisième partie. En quatre registres.

Premier registre. — 4 colonnes dont Champollion n'a copié que le commencement, et dont les deux premières descendent jusqu'au bas du second registre ; 12 colonnes signalées par Champ. (511), et commençant par [illegible] ; 12 autres colonnes commençant par [illegible] ; 13 autres colonnes ; en tout 41 colonnes : planches 15 et 16, colonnes 1-41. Le texte continue dans la niche.

Second registre. — Le tableau du criocéphale devant Osiris en demi-cercle soutenu par Isis et Nephthys (511). — 6 colonnes copiées par Champollion (512, en haut de la page) — 3 personnages noirs (512). — 4 colonnes copiées par Champollion en 6 (512) : à la colonne 4 de Champollion [illegible] est en réalité [illegible], et [illegible] est [illegible]. — Le taurocéphale devant 2 ellipses dont l'une contient un ichneumon noir à tête effacée maintenant, et l'autre un cœur entre deux disques (513). — 8 colonnes signalées, mais non copiées, par Champollion (513) : planche 16, colonnes 1-8.

Troisième registre. — Le criocéphale, à tête effacée maintenant, et les 3 hommes noirs copiés par Champollion (513). — Le dieu hiéracocéphale devant deux ellipses (514). — 5 colonnes (514). — L'Anubis et l'Osiris noirs copiés par Champollion (514), mais sans le double cadre qu'il leur a donné. — Le 3e registre finit, en bas, au haut de la niche.

Quatrième registre. — Premier tableau numéroté, mais non copié, par Champollion (514) :

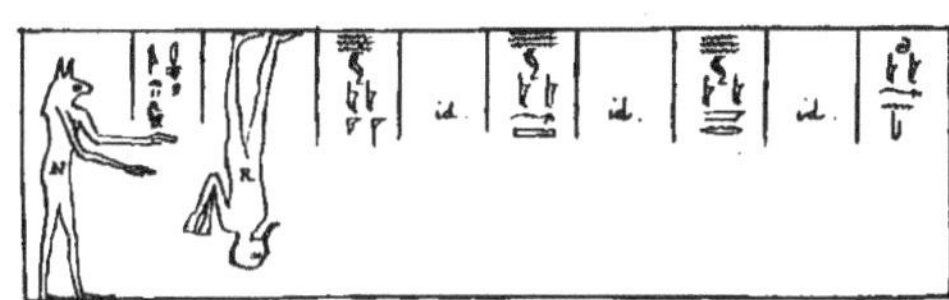

6 colonnes copiées en 9 par Champollion, qui a indiqué par des points la partie mutilée du texte (515). — 8 colonnes dont Champollion a copié le début jusqu'à [hiéroglyphes], et qui, après ce mot, finissent ainsi :

Les 3 personnages noirs copiés par Champollion, 2e tableau (515). — 5 personnages, 3e tableau (515).

Niche. — Encadrée d'hiéroglyphes, sauf en bas : ce sont les éloges du roi ; en mauvais état. La niche contient 23 colonnes qui font suite au texte du premier registre : planche 16, lignes 42 - 64.

Plafond. — Composé du début de la figuration du ciel diurne et nocturne copiée par Champollion (630-4), avec les détails comprenant, pour tout le ciel, les pages 636-647, et les 4 colonnes qui sont à gauche de la p. 648. Lepsius a publié, d'après cette figuration du ciel diurne et nocturne, 11 colonnes du Livre du Jour (Denk. III, 224, e, cf. Champ. 643-4), 18 col. du même Livre, 11e heure (Denk. III, 224, f, cf. Champ. 644, D'), et 7 colonnes du même Livre, 12e heure (Denkm. III, 224, g, cf. Champ. 646, L'). Les 11 col. publiées en e par Lepsius appartiennent à la 10e heure du Livre. — Le plafond du 3e corridor comprend les p. 630-1 de Champollion, et une bande verticale du début de la p. 632, c. à. d., en commençant par le haut : 4 personnages se suivant ; la barque du crioçéphale allant vers le fond ; 4 personnages renversés ; 3 étoiles ; 2 personnages allant vers l'entrée ; la barque allant vers l'entrée ; et les numéros 13, 14 et 15 de Champollion.

Première Salle.

Porte.

Bandeau. — Le disque ailé. Jambages. Extérieur et Milieu. — Des deux côtés, éloges du roi (546). Plafond. — Le vautour.

Côté gauche (Paroi d'entrée, grande paroi et paroi du fond).

Six registres superposés. — Les trois premiers registres comprennent la 8e division du Livre de l'Enfer, avec les âmes, les nageurs, le serpent Kheti, etc. — Vient ensuite une partie de la 9e division de ce Livre, c. à. d. le battant du serpent [hiéroglyphes].

Les trois autres registres comprennent la 9e division du Livre de l'Enfer, avec les dieux relevant les têtes, Aai, le serpent Khepri, etc. La tête à oreilles d'âne du dieu Aai a disparu maintenant ;

ce dieu a sur le corps le fer d'une seule pique : l'autre est plus loin. — Vient ensuite une partie de la 10e division du Livre de l'Enfer, c. à. dire le battant du serpent [hiéroglyphes].
Ce côté de la salle est dans Champollion (516-523).
Paroi d'entrée. Côté droit.
9 colonnes de texte non copiées par Champollion : planche 17.
Paroi droite.
8 colonnes de texte non copiées par Champollion : planche 17. — Les scènes dont Champollion a donné le détail (523-531), et a dressé (524) un tableau abrégé. Sur ce tableau, le n° 5, omis, doit figurer dans le carré blanc qui se trouve sous les n° 2 et 3 ; le n° 6, omis, doit figurer dans le carré blanc qui se trouve sous les n° 4 et 10a ; enfin, le n° 15, omis, doit figurer sous le n° 7.
Après le n° 10 (déesse tenant un crioréphale et un disque), qui a la hauteur des trois registres supérieurs, et qui comprend en haut le n° 10a (525), la paroi se divise en cinq registres.
Premier registre. — N° 4 de Champollion (525). — 6 colonnes non copiées par Champollion : planche 18, A. — N° 3 de Champollion (525). — 6 colonnes non copiées par Champollion : planche 18, B. — N° 2 de Champollion (524). — N° 1 de Champollion (523), descendant jusqu'au bas du second registre. Les 4 colonnes de texte de ce n° qui sont dites devant le serpent, n'en font que deux sur la paroi.

Second registre. — N° 6 de Champ. (526), ayant derrière les 7 colonnes de texte qui sont dessous dans Champollion. — N° 5 de Champollion, ayant derrière les 6 colonnes de texte qui sont devant dans Champollion (526).

Troisième registre. — N° 9 de Champollion ayant derrière les 7 col. de texte qui sont dessous dans Champollion (528). — N° 8 de Champollion ayant derrière les 7 colonnes de texte qui sont dessous dans Champollion (527). — N° 7 de Champollion (527).

Quatrième registre. — N° 12 de Champollion (529, au haut de la page). C'est le tableau du personnage et du criocéphale noirs, qui soutiennent une ellipse surmontée d'un disque ; Champollion n'a copié qu'un des deux noms divins qui accompagnent la scène ; au dessus de l'ellipse, il y a 2 inscriptions, l'une en 7 colonnes et l'autre en 6, dont Champollion n'a copié que quelques mots ; sous l'ellipse, il y a 7 colonnes non copiées par Cham. : planche 18, A, B, C. — 6 colonnes de texte non copiées par Champ. : planche 18, D. — N° 11 de Champollion (528). Rosellini a copié ainsi : , , la légende du milieu de la scène, et celle d'Osiris :

Cinquième registre. — N° 14 de Champollion (529). — N° 13 de Champollion (529) : la légende du N° 13, analysée par Champollion, a 7 colonnes : planche 18, E. — N° 15 de Champ. (531), commençant à la hauteur du quatrième registre, et comprenant 23 colonnes de texte, non copiées par Champ. : planche 19.

Paroi du fond. Côté droit.

5 colonnes de texte non copiées par Champollion : planche 19.

Plafond. — A droite et à gauche, les légendes du roi — Au milieu, suite de la figuration du ciel diurne et nocturne commencée au plafond du 3e corridor. Cette partie est reproduite à la p. 632 de Champollion : il faut excepter la bande verticale du début de la page, qui appartient au troisième corridor, et une bande verticale à la fin, qui comprend, du haut en bas : 3 personnages allant vers le fond, 2 cartouches, la case A de Ch., 2 cartouches et 1 personnage renversés, 1 étoile, et le titre du 9e pylône.

Seconde Salle.

Porte.

Bandeau. — Le disque ailé. Premiers jambages. Extérieur et Milieu. — Des deux côtés, éloges du roi (531). Seconds jambages. — Voir Côté gauche et Côté droit.

Côté gauche (Milieu du second jambage, paroi d'entrée, grande paroi et paroi du fond).

En trois registres, 10e division du Livre de l'Enfer, avec Apap enchaîné, la face du disque, etc (532-6). Deux colonnes ont été passées par Champollion au second registre, entre le second jambage et la paroi d'entrée (533-4), ainsi que les 7 dernières colonnes du premier registre, paroi d'entrée (533); les scènes sont au dessus et non au dessous des légendes. — Battant du serpent Amnetuf, sur la paroi gauche (530), et, en trois registres, 11e division du Livre de l'Enfer, avec les porteurs d'étoiles, le dieu à tête de chat, etc. (536-9). — Battants des serpents Sebi et Rer terminant la paroi (540), qui est encadrée par , ce que Champollion appelle montagne tournant au tableau. — La scène de l'Osiris-circulaire qui termine le Livre de l'Enfer (541). Cette scène occupe la partie gauche de la paroi du fond.

Côté droit. Second jambage de la porte.

Milieu. — 9 colonnes d'invocations à Anubis : planche 20.

Paroi d'entrée.

35 colonnes de texte : planches 21 et 22.

Paroi droite.

47 colonnes de texte : planches 23 et 24. Le bas des 3 dernières colonnes est seulement gravé : le bas des 14 colonnes qui précèdent celles-là est seulement écrit à l'encre noire, et effacé. — En trois registres, les tableaux copiés par Champollion (545, 544, et 543, cf. Descrip. de l'Eg. Antiq. II, 86, 7), sauf une bande verticale à gauche de la page 543, comprenant, à partir du haut : 7 col. de texte et 3 personnages noirs (1er registre), 6 colonnes de texte et la tête de bélier sur le serpent (2e registre), enfin, 3 colonnes de texte (3e registre). Cette bande appartient à la paroi du fond, côté droit. Le signe indistinct qui figure à la page 545, 2e registre, à côté de l'homme noir couché, est , avec le milieu peint en

vert. (C'est le mot qui, en écriture secrète, veut dire Osiris)

Paroi du fond. Côté droit.

Les scènes et les textes de la p. 543 qui n'appartiennent pas à la paroi droite, et ceux de la p. 542. Cf. Description de l'Ég. Antiq. II, 86, 8.

Paroi du fond. Milieu (au dessus de la descente).

Deux Osiris adossés devant deux tables d'offrandes. Devant eux le roi, à droite, encense et libe, et, à gauche, encense. Autour du naos où sont les Osiris, légendes du roi.

Piliers.

Tous les piliers de cette salle, sauf aux côtés d'entrée, de droite et du fond du second pilier de droite, ont en haut la scène des cinq ou six dieux sur un bassin, où Champollion (cf. p. 619), reconnaît l'anaglyphe-prénom du roi ; le roi ou le dieu représenté en grand sous cette scène a au dessus de lui une rangée d'uraeus.

Premier pilier de gauche. — Entrée. — Le roi offrant l'encens. — Droite. — Le dieu Khonsu uas nefer hotep ; ce dieu est en gaîne, face verte et lune jaune. — Gauche. — Le roi libant. — Fond. — Ammon Ra, roi des dieux, criocéphale, à face jaune.

Second pilier de gauche. — Entrée. — Le roi levant la main, — Droite. — Mereseker. — Gauche. — Le roi offrant ◡ et libant. — Fond. — Ptah Sakar Osiris à face verte, marchant.

Premier pilier de droite. — Entrée. — Le roi offrant l'encens. — Gauche. —

Ptah en naos. – Droite. – Le roi offrant l'encens. – Fond. – Har-Khuti.

Second pilier de droite. – Entrée. – En deux registres. – Premier registre :

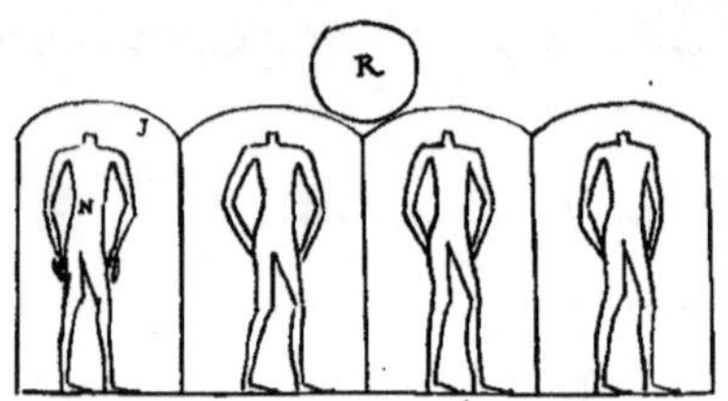

14 colonnes de texte, dont 3 complètement effacées : planche 25. – Second registre : 13 colonnes faisant suite au texte de la paroi du fond de ce pilier : planche 25. – Gauche. – Thoth à lune jaune. – Droite. – En quatre registres. – Premier et second registres. – Copiés par Champollion (568). – Troisième et quatrième registres. – Copiés par Champollion (569). – Fond. – 14 colonnes de texte : planche 25.

Plafond. – Au milieu, fin de la figuration du ciel diurne et nocturne (632, fin, 633 et 634). Cf. Brugsch, Thesaurus Inscript. Myth. p. 839-42, pour les 12 heures de la nuit, et p. 846 pour les heures 7-12 du jour ; cf. id. Kalend. p. 412, pour le tableau général. A droite et à gauche, immédiatement après, les deux cartes du ciel, à gauche avec le crocodile sur l'hippopotame et ce qui s'en suit, à droite avec l'hippopotame sans le crocodile. A droite et à gauche encore, touchant aux parois de la salle, les tables de levers d'étoiles copiées par Champollion (547-567). Cf. Champollion, Mon. III, 272 bis ;

63.

Brugsch, Thesaurus Inscript. Astr. 185-194; et Lepsius, Denkm. III, 227-8.

Descente.

Cette descente commence par une pente insensible dans la salle qui précède.

Paroi gauche.

Un long serpent uræus à replis pressés, couronné du pschent et appelé Nekheb, étendant ses ailes vers le fond autour des deux cartouches du roi. — Texte en colonnes du début de l'Amtuat. Commencement des scènes et des légendes de la 1ère heure de l'Amtuat; les trois dernières femmes du tableau d'en haut sont: [hiéroglyphes], [hiéroglyphes], et [hiéroglyphes]. Sous les scènes et les légendes, après le texte vertical, serpent uræus ailé, appelé Nit, et pareil à celui du commencement de la paroi, mais sans cartouches.

Paroi droite. — Serpent pareil à celui de gauche, et appelé Mersekher. — 6e heure de l'Amtuat (celle qui est à droite dans la chambre à corniches de Séti 1er), débutant par un texte en colonnes et se continuant en trois registres dont le premier a été copié par Champollion (574-5); au 2e registre, femme se détournant d'un singe et tenant deux vases, appelée [hiéroglyphes], suivie de 4 Osiris noirs debout; au commencement du 3e registre, 2 femmes crocodilocéphales à oreilles de Set, [hiéroglyphes], [hiéroglyphes]. — Après le texte vertical, et sous les trois registres, serpent pareil à celui de gauche, et appelé Serek.

Plafond. — Trois grands vautours, dont un presque entièrement détruit, alternant avec les cartouches du pharaon : peint.

Quatrième Corridor.

Porte.

Bandeau. — Le disque ailé. Jambages. Extérieur. — Des deux côtés, éloges du roi, ☥ 𓋹 𓊽, etc. Milieu. — Id. Plafond. — Vautour.

Paroi gauche. En deux parties.

Partie supérieure.

La fin des tableaux de la 1ère heure de l'Amtuat ; cf. Lepsius, Denkm. III, 224 i, et 225 a, plusieurs fragments de cette heure. — Texte commençant par : et finissant par :

Le texte est en 23 colonnes. Le début est celui du texte qui suit la 1ère heure ; la fin appartient au résumé de la 2e heure. — Ensuite, en trois registres, la 2e heure de l'Amtuat (celle qui est à la paroi du fond de la salle sépulcrale de Séti 1er), avec, au 2e registre, les 2 arbres dans une barque au milieu de laquelle est un personnage mâle sans bras, la barque à crocodile, la barque à tête d'Hathor, et la barque à disque lunaire finissant le registre.

Partie inférieure.

27 colonnes commençant par :

Le début est celui du texte qui suit la 2e heure; la dernière col. est: Cette fin appartient au résumé de la 3e heure; le bas de la colonne n'est pas détruit: il est caché par des pierres. — Ensuite, en trois registres, la 3e heure de l'Amtuat, celle qui est à la paroi droite de la salle sépulcrale de Séti 1er: le 1er registre commence par [hiéroglyphes], Anubis, etc., et finit par 4 porte-sceptres accompagnant [hiéroglyphe]; ce registre est aux Denkm. III, 225, c, à partir d'Anubis; le 2e registre finit par un porte-sceptre suivant une femme à deux vases devant laquelle sont 3 personnages inclinés; le 3e registre commence par un criocéphale, un adorateur, 4 Osiris assis, et les personnages à têtes de canard ou d'ibis tenant des couteaux.

Paroi droite.

En trois registres, suite de la 6e heure de l'Amtuat, dont le début est à la paroi droite de la descente; le premier registre a:

; le 2e registre a 12 momies et le dieu à scarabée couché dans le serpent à cinq têtes (cf. Description de l'Eg. Antiq. II, 86, 11); le 3e registre presque enfoui, finit par 9 serpents devant le dieu [hiéroglyphe] (sic). — En six registres, la 7e heure de l'Amtuat (celle qui est à la paroi gauche de la salle à corniches au tombeau de Séti 1er); le 1er registre a: Osiris sous Mehen, et, à la fin, 4 hommes noirs couchés.

devant un homme rouge ; 2.e registre : 3 âmes androcéphales, le dieu assis sur un serpent, et la barque de Ra avec Isis à l'avant ; 3.e registre, séparé du 2.e par une ligne horizontale de texte : au début, Serek sur Apap lié, et tournée comme les autres personnages de ce registre vers l'entrée, 1 homme, 4 femmes à couteaux, et 4 coffres contenant des têtes et des couteaux ; 4.e registre : Horus sur son trône, tourné vers le fond, 12 hommes à étoiles sur la tête venant vers lui, 6 femmes à étoiles au moins (il y a une cassure), s'en éloignant ; 5.e registre : la tête d'Osiris et le crocodile, puis le haut de 5 colonnes qui descendent jusqu'au bas du 6.e registre, le début de la 8.e heure de l'Amtuat qui est à la paroi du fond dans la chambre à corniches du tombeau de Séti 1.er, c. à. d., tournés vers le fond, 3 hommes assis, et les ⊂⊃ de Tum, de Khepra et de Shu, ensuite, cassure ; 6.e registre : un homme et une femme tournés vers le fond, le bas des 5 colonnes qui commencent au registre précédent, et les ⊂⊃ d'Isis, d'Horus, du Ka Ament, du Sahu neteru, du Aru neteru, et de 3 personnages copiés par Lepsius (Denkm. III, 224, h).

Plafond. – Pareil à celui du tombeau de Ramsès 9 qui a des momies phalliques (au troisième corridor de ce tombeau). Au début, dans une longue ellipse qui finit à droite par une barque, sont quatre semelles de sandales ou quatre plantes de pieds : un carré long contient un enfant debout représenté de face, avec les jambes ainsi : [illegible]. (Au tombeau de Ramsès 3, à la paroi du 6e corridor, il y a aussi un personnage représenté de face, mais avec les jambes de profil).

Cinquième Corridor.

Porte.

Bandeau. — Le disque ailé. Jambages. Extérieur. — Des deux côtés, éloges du roi, ☥𓋹 etc. Milieu. — Eloges plus courts. Plafond. — Le vautour.

Paroi gauche.

En six registres, les deux heures de l'Amtuat qui sont au 3e corridor du tombeau de Séti 1er. L'heure d'en haut, qui est la 4e, a au 1er registre, au début, le serpent à tête humaine et à quatre jambes tourné vers une femme, et, au 2e reg.

etc. L'heure d'en bas, qui est la 5e, a la tête humaine de l'horizon sous le scarabée tombant, et l'hiéracocéphale tenant les ailes d'un serpent à plusieurs têtes, etc. Les personnages sont tournés vers le fond. — Grande ligne verticale mutilée terminant la paroi et paraissant avoir contenu les éloges du roi; dans le haut de cette ligne et de la paroi s'ouvre un trou qui donne dans un tombeau inachevé.

Paroi droite.

En six registres, dont les personnages sont tournés vers le fond, les trois heures de l'Amtuat qui sont dans la chambre à dessins du tombeau de Séti 1er, c. à. d. les 9e, 10e et 11e heures, et, aux 5e et 6e registres, deux fragments de l'heure qui termine la paroi droite du 4e corridor, c. à. d. de la 8e heure.

Hauteur des deux premiers registres. — Partie de la 11e heure (qui occupe la paroi droite d'entrée et une moitié de la paroi droite de la chambre à dessins au tombeau de Séti 1er) : un serpent avec un homme assis dessus, tourné vers l'entrée, et 12 personnages ; à la suite viennent les deux premiers registres.

Premier registre. — Suite de la même heure, 4 femmes assises chacune sur 2 uræus, , , 2 femmes à , 2 à , 3 fournaises.

Second registre. — Suite de la même heure : la barque et les porteurs de Mehen.

Troisième registre. — Séparé du 2e registre par une ligne horizontale de texte. Partie de la 10e heure (qui occupe la paroi du fond et une moitié de la paroi droite de la chambre à dessins au tombeau de Séti 1er) : au début,

;

2 femmes et une hache, 4 femmes léontocéphales, 4 femmes, un singe tenant , 4 personnages en marche, et 4 Osiris. Partie appartenant à l'heure précédente, c. à. d. à la 11e : et le dieu qui étend les mains, entre deux yeux sacrés, vers

les ailes d'un serpent.

Quatrième registre. — Partie de la 9e heure (qui se trouve à la paroi gauche de la chambre à dessins au tombeau de Séti 1er) : 12 serpents sur les [hiéroglyphe], et 11 femmes au moins, en marche (il y a une cassure) ; partie finale et initiale de l'heure appartenant au 3e registre, la 10e heure : au début, 4 femmes au moins (cassure) avec serpent sur la tête, un [hiéroglyphe], 5 hommes, et [hiéroglyphe]. Ce registre est aux Denkm. III, 225, b.

Cinquième registre. — Partie appartenant à la 8e heure qui termine la paroi droite du 4e corridor (et qui est au fond de la chambre à corniches au tombeau de Séti 1er), c. à. d. : la barque de Ra, 9 [hiéroglyphe], et 4 béliers, lesquels sont dans Brugsch, Thesaurus Inscrip. Aegypt. p. 816. 4 colonnes de texte allant jusqu'au bas de la paroi. Partie appartenant à la même heure que le début du 4e registre, c. à. d. à la 9e heure : 9 porteurs de rames, l'oiseau, le bélier et la vache sur des corbeilles, et une momie. 5 colonnes de texte occupant toute la hauteur du registre. Partie appartenant à l'heure par laquelle débute le 3e registre, c. à. d. à la 10e heure : la barque de Ra,

un serpent en barque, et 8 hommes armés.

Sixième registre. — Partie de l'heure appartenant au début du 5e registre (et à la chambre à corniches du tombeau de Séti 1er, paroi du fond), c. à. d. à la 8e heure : 1 femme, 1 serpent, 4 personnages assis sur les [hiéroglyphe], 8 momies, et 4 uraeus sur les [hiéroglyphe]. La fin des 4 colonnes de texte commençant au 5e registre. Partie de l'heure appartenant à la fin du registre précédent, c. à. d. à la 10e heure. Horus et 13 [hiéroglyphe].

Plafond. — En deux parties, dont la seconde est un peu plus basse que la première. Première partie. — Publiée dans Champollion (570.2). Seconde partie. — En bandeau, les cartouches du roi, deux de chaque côté. En deux registres.

Premier registre (à l'entrée). — Un disque lunaire, [hiéroglyphe], entouré par 4 personnages ayant chacun devant lui un [hiéroglyphe], avec le texte suivant :

Second registre. — A gauche : a droite :

. Le texte est :

Troisième Salle.

Porte.

Bandeau. — Copié par Champollion (573). La lacune indiquée dans la copie montre que le trou qui est là existait alors. Jambages. Extérieur. — Des deux côtés, éloges du roi, détruits à gauche. Milieu. — Cartouches. Plafond. — Le vautour.

Paroi d'entrée. Côté gauche. En deux registres.

Premier registre. — Le roi. Second registre. — 5 col. du ch. 125 du Livre des Morts (Denkm. III, 226, 75-71).

Paroi gauche. En deux parties.

Première partie. En deux registres.

Premier registre. — Un dieu [illegible] sans insignes, faisant face au roi de la paroi d'entrée ; c'est : [illegible]

Second registre. — 8 colonnes du ch. 125 du Livre des Morts (Denk. III, 226, 70-63).

Seconde partie (à partir du fond. — 4 colonnes tenant toute la hauteur de la paroi, et terminant le ch. 124 du Livre des Morts qui commence à la paroi du fond du côté gauche (Denkm. III, 226, 7-14). Ensuite, deux registres. Premier registre. — Les 25 premières invocations de la confession négative du ch. 125 (Denkm. III, 226, 15-39). Second registre. — En 23 colonnes, la fin de la confession négative, et la suite du ch. 125 à partir de la l. 35 du Todtenbuch : Salut à vous, ces dieux, jusqu'à [illegible] (Denkm. III, 226, 40-62). La suite est à la 1re partie.

Paroi du fond. Côté gauche. En deux registres.

Premier registre. — En 6 colonnes partant de la porte de la salle suivante, le début du ch. 124 (Denkm. III, 226, 1-6). Second registre. — Le roi marchant vers la porte de la salle suivante.

Paroi d'entrée. Côté droit.

5 colonnes du chapitre 126 du Livre des Morts.

Paroi droite. En quatre parties.

Première partie. En deux registres. — Premier registre. — Le roi devant les 8 singes sur 2 bassins qui composent la vignette du ch. 126. — Second registre. — Fin du ch. 126, en 5 colonnes. En 7 colonnes, début de l'adoration de Mat: planche 26.

Seconde partie. — 6 colonnes formant la fin de l'adoration de Mat: planche 26. Une colonne vide. 3 colonnes du ch. 129 du Livre des Morts.

Troisième partie. En deux registres. — Premier registre. — Le roi devant Ma-t: planche 26. — Second registre. — En 14 colonnes, suite du chapitre 129.

Quatrième partie. — En une colonne, fin du chapitre 129. En 5 colonnes, début du chapitre 127 du Livre des Morts.

Pour la disposition des 2e, 3e et 4e parties, voir la planche 26.

Paroi du fond. Côté droit. En deux registres.

Premier registre. — Fin du ch. 127 du Livre des Morts, aux mots : [hiéroglyphes]

Second registre. — Le roi marchant vers la porte de la salle suivante.

Plafond. — Toujours à peintures jaunes sur fond bleu, comme les autres. En deux registres. Premier registre (à l'entrée. — Quelques étoiles, et au milieu, à l'entrée, le disque ailé au dessus de la légende du roi : de chaque côté, le roi en barque entre un dieu et une déesse. Deuxième registre. — Dans un naos surmonté de deux éperviers, la momie royale allongée en sphinx sur un lit (cf. Descr. de l'Ég. Antiq. II, 84, 3) ; à droite, 4 rangs superposés de 5 personnages chacun, tenant 𓋹 ou 𓌀 suivant le sexe, se dirigent vers la momie ; à gauche, même série de personnages, mais effacés. — Les deux registres reproduisent le tableau qui occupe la paroi du fond du tombeau de Ramsès 9.

Pour les textes du Livre des Morts de cette salle, v. Naville, das Aegyptische Todtenbuch, t. II.

Quatrième Salle.

Porte.

Bandeau. — Le disque ailé. — Premiers jambages. Milieu. — Des deux côtés, les cartouches. — Seconds jambages. — Rien.

Toute la partie décorée du bas de la salle est encadrée de décapités alternativement rouges et noirs, sauf aux faces d'entrée et de droite du 1er pilier de droite, et aux faces d'entrée et de gauche du 1er pilier de gauche.

Parois d'entrée.

Inachevées et non décorées. En deux endroits de la paroi d'entrée à gauche (près des jambages de la porte et près de la paroi qui est sous la voûte), deux trous s'ouvrent à hauteur d'homme, et laissent voir que le plafond et la paroi avaient été commencés derrière le bloc antérieur, encore engagé dans la montagne.

Paroi gauche (sous la voûte).

La paroi est divisée en quatre registres principaux, qui ont quelques subdivisions faciles à reconnaître dans la copie de Champollion. Les textes de cette paroi commencent, contre l'ordinaire, à partir du fond.

Premier registre principal. — Copié par Champollion (609.5 et 612-610). — Second registre principal. — Copié par Champollion (604-597). — Troisième et quatrième registres principaux. — Copiés par Champollion (596-590). Le grand personnage couché du 4e registre principal (593-2), est une femme portant un collier jaune à raies rouges, et ayant le sein proéminent:

L'ornement du bas de la paroi est ainsi, à partir du côté du fond:

Paroi droite (sous la voûte). En quatre registres principaux (comme à gauche).

Premier registre principal. — Non copié par Champollion: planches 27, 28, 29 et 30. A la planche 27, en H, les disques qui surmontent le personnage couché sont accompagnés d'étoiles: ○*○* etc. — Second registre principal. — Copié par Champollion (580-576).

Troisième et quatrièmes registres principaux. — Copiés par Champ. (589-581). Le tableau vide qui est au haut de la page 589, et qui est ainsi dans le tombeau :

correspond au 2e pilier de droite, inachevé, et engagé dans la montagne.

L'ornement du bas de la paroi droite est ainsi, à partir de l'entrée :

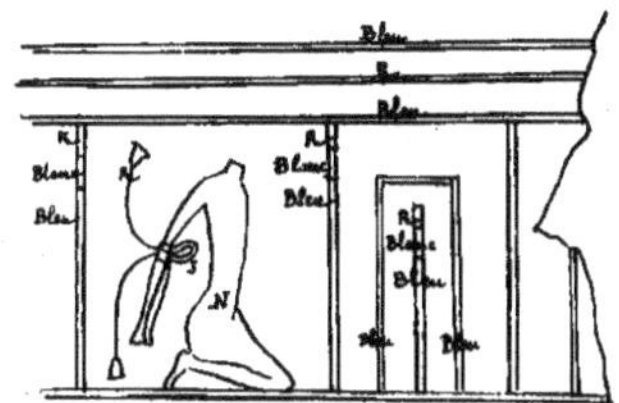

Paroi du fond.

Les 2 parties du côté du fond ont été copiées par Champollion (620-618, pour la partie gauche, et 623-621, pour la partie droite). Elles comprennent les deux piliers de gauche et les deux piliers de droite (après la voûte) encore engagés dans la montagne et utilisés pour la décoration de ces parois. De ces piliers, deux servent de jambages, à gauche et à droite, à la porte du dernier corridor.

Paroi du fond. Côté gauche.

Les textes vont de la porte du dernier corridor, c. à d. du premier pilier de gauche (si on l'appelle le 1er pour ce motif même) à la grande

76.

paroi de gauche.

Premier pilier de gauche (après la voûte). Côté gauche. — Partie verticale de la p. 620 de Champollion, à droite, c. à. d., à partir du haut : 6 colonnes du premier registre et le crioréphale, 6 colonnes du troisième registre et les 2 adorateurs. — Paroi. — La fin de la p. 620 de Champollion, et une partie verticale de la p. 619, à droite, c. à. d. : 3 colonnes du premier registre et Tum, 2 colonnes du deuxième registre et un ophiocéphale, 3 colonnes du troisième registre, et le personnage N° 2. — Second pilier de gauche (après la voûte). Côté droit. — La fin des trois registres précédents (619). — Côté d'entrée — Les deux registres terminant la p. 619 à gauche, sous l'anaglyphe prénom du roi, qui est ainsi :

(cf. Rosellini I, 146, 4). — Côté gauche. — La partie encadrée de la p. 618 qui est désignée là sous le titre de Lacune : la lacune n'est pas complète, et ce côté du pilier se présente ainsi (mais droit, bien entendu) :

77.

Paroi. — Les deux registres qui sont à gauche de la p. 618 de Cham.

Paroi du fond. Côté droit.

Les textes vont de la paroi droite à la porte du dernier corridor, c. à. d. au premier pilier de droite

Paroi. — La p. 623 de Champollion, excepté, à gauche, les 3 dernières colonnes, ainsi que la momie debout du 1er registre, et les 2 dernières colonnes ainsi que la momie allongée du second registre. — Second pilier de droite (après la voûte). Côté droit. — La partie de la p. 623 qui n'appartient pas à la paroi réelle. — Côté d'entrée. — Le grand tableau de la p. 622 (momie entre un crocodile et un serpent) avec son texte. — Côté gauche. — Les petits tableaux en 3 registres de la p. 623 : les deux registres inférieurs sont dans Rosellini, coloriés, III, 78. — Paroi. — La p. 621, excepté, à gauche, les 4 dernières colonnes avec les 2 derniers personnages du premier registre, et les 6 dernières colonnes, avec le personnage N° 3 du deuxième registre. — Premier pilier de droite (après la voûte). Côté droit. — La partie de la p. 621 qui n'appartient pas à la paroi réelle.

Piliers (avant la voûte).

Copiés par Champollion (624-8). La face du premier pilier de gauche désignée à la 1ère ligne de la p. 627 est la face B, et la face C désignée à la dernière ligne de cette page, est la face C du premier pilier de droite.

Frises.

Les frises bordent les parois de l'entrée et du fond immédiatement au dessous de la voûte. Les deux inscriptions qui s'y trouvent ont été copiées par Champollion (628-630). L'inscription du côté de l'entrée (à gauche) occupe les lignes 3, 4 et 5 de la page 629, (à droite) les 2 dernières lignes de la p. 628 et la 1ère ligne de la page 629. — L'inscription du côté du fond (à gauche), occupe la dernière ligne de la p. 629 et les 3 premières lignes de la p. 630, (à droite) les lignes 6, 7 et 8 de la p. 629. Lepsius, Denk. III, 224, b et c.

Voûte.

La voûte occupe, comme dans les grandes salles de Tauser, de Setnekht et de Ramsès 3, le milieu de la salle, dont le sol est aussi plus creux que sur les côtés.

La décoration de la voûte se compose de deux déesses ciel adossées et séparées par l'espèce d'ornement

Leurs têtes aboutissent à la grande paroi gauche et leurs pieds à la grande paroi droite. La déesse qui est du côté de l'entrée est celle du jour, et la déesse qui est du côté du fond celle de la nuit. La déesse du jour a des disques rouges sur le corps entre deux lignes continues d'étoiles: la déesse de la nuit n'a qu'une rangée d'étoiles plus grandes. Le soleil diurne va en barque vers la bouche de sa déesse, et le soleil nocturne va en barque vers le ventre de la sienne: ils se dirigent donc en sens contraire. Champollion a copié toute la voûte, sauf pourtant le corps des deux déesses. La copie du ciel diurne va de la p. 648 (sauf les 4 col. de gauche qui appartiennent à la seconde salle) jusqu'à la p. 661. Les scènes et les légendes des p. 660-661 sont à intercaler entre les p. 655 et 656. La copie du ciel nocturne occupe les p. 662-684. Cf. Brugsch, Thesaurus Inscrip.[ae] Mythol. p. 839-842, pour les 12 heures de nuit, et p. 846 pour les heures 7-12 du jour, comparées avec celles du commencement du tombeau.

Sarcophage.

Le sarcophage se compose d'une cuve creusée dans le roc même de la salle, au milieu, pour recevoir la momie, et d'un couvercle énorme et brut, non décoré, qui est maintenant déplacé et cassé en deux morceaux.

Différentes scènes de cette salle sont dans la Description de l'Egypte, Antiquités, t. II. En voici l'indication : 84, 6 (cf. Champollion, 577) ; – 86, 6 (cf. Champ. 578-9) ; – 84, 4 (cf. Champ. 582-9) ; – 85, 11 (cf. Champ. 586-7) ; – 85, 10 (cf. Champ. 590-2) ; – 85, 13 (cf. Ch. 592) ; – et 84, 1 (cf. Champ. 623).

Sixième Corridor.

Porte.

Jambages. Extérieur. – (Ce sont les côtés de face des deux faux piliers de gauche et de droite qui encadrent la porte). Les deux grandes colonnes qui se trouvent, dans Champollion, l'une au commencement de la page 613 (côté gauche), l'autre à la fin de la page 617 (côté droit). Milieu – Rien.

80.

Paroi gauche. — Les deux registres qui sont à la fin de la p. 613, et au commencement de la p. 614 de Champollion.

Paroi droite. — Les deux registres qui occupent le commencement de la p. 617 et la p. 616.

Paroi du fond. — La scène et les légendes qui occupent en un seul registre la fin de la p. 614 et la p. 615.

Remarques.

L'inscription hiératique de la p. 635 de Champollion ne paraît pas appartenir à ce tombeau, non plus que les scènes astronomiques des p. 685 688, quoique celles-ci aient leurs analogues, mais avec des différences, au plafond du 1er corridor, et au plafond de la seconde salle; du côté gauche.

L'hypogée de Ramsès 6 est mentionné au papyrus Mayer B de Liverpool, analysé par M. Goodwin (Zeitschrift, 1874, p. 62). L'analyse de M. Goodwin ne nous apprend pas à quel fait se rapporte cette mention.

Rosellini a publié, I, 80, 30, un portrait du roi, et Champollion, III, 268, 1 et 2, deux portraits du roi copiés dans le tombeau.

N° X.

Amenmésès, Takhat et Bakturnur.

Porte.

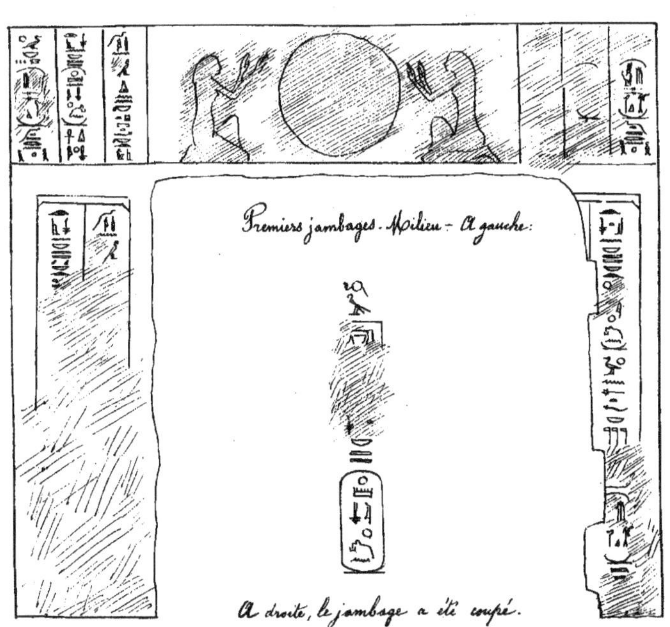

A droite, le jambage a été coupé.

Seconds jambages. Milieu. — A gauche.

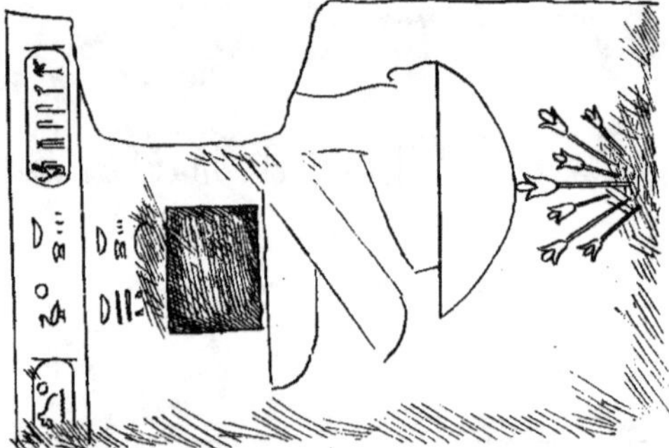

Seconds jambages. Milieu. — A droite.

(cf. Lepsius. Denkm. III, 202, e).

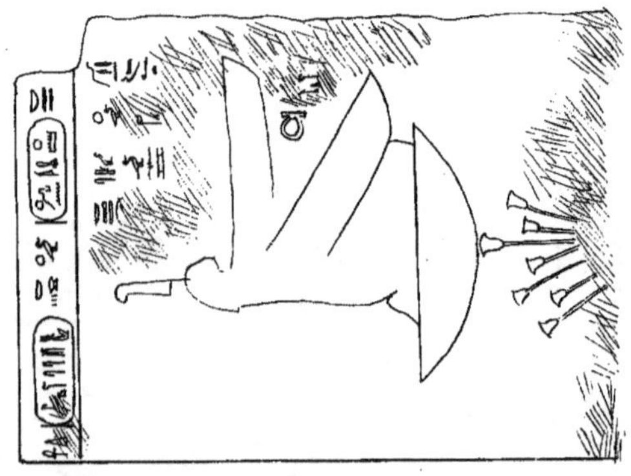

83.

Toute la partie du tombeau qui a été décorée sous Amenmésès est martelée, de sorte que les hiéroglyphes et les scènes sont peu distincts.

Premier Corridor.

En deux parties. Première partie. Paroi droite. — Rien de visible. — Paroi gauche.

Seconde partie. Bandeau.

Paroi gauche. — Restes indistincts de la Litanie solaire.

Paroi droite. — On n'y distingue guère que ce qui suit, au commencement:

Plafond. — Quelques traces des vautours à mitre et des cartouches.

Second Corridor.

Rien sur les murs. Des deux côtés, à l'entrée, niches, pas très grandes.

Plafond. — Restes du texte de la Litanie du Soleil, qui se trouve assez souvent au milieu du plafond du deuxième corridor : il est sur fond jaune, et encadré dans un fond bleu semé d'étoiles.

Troisième Corridor.

Porte.

Bandeau. — Le disque ailé.

Parois. — Rien. Plafond. — Bleu à étoiles jaunes.

Première Salle.

Cette salle a une chambre annexe dont l'excavation est restée inachevée : c'est par là que le tombeau commencé pour Setnekht et devenu plus tard celui de Ramsès 3, a rencontré l'hypogée N.° 10, ce qui a fait abandonner les travaux destinés à Setnekht.

Porte. — Deux jambages, et des deux côtés, sur le milieu de ces jambages, restes illisibles d'hiéroglyphes peints.

Parois. — Planche 1. — Cf. pour la reine Takhat représentée sur la paroi gauche, Champollion, Monum. III, 265, 3, et pour la même reine représentée avec deux vases sur la paroi droite, Rosellini, I, 19, 20, et Lepsius, Denkm. III, 202, f. Le portrait de Takhat se trouve encore dans Rosellini, I, 9, 36.

L'Ânmatef de la paroi du fond (côté droit) se trouve dans Champollion, Mon. III, 265, 4, ainsi que dans Rosellini I, 9, 35 et I, 18, 15, et dans Lepsius, Denkm. III, 202, f. Champollion et Rosellini le croient à tort d'Amenmesès.

Plafond. — Restes de peinture bleue.

85.

Seconde Salle.

Parois d'entrée. — Rien.

Parois de gauche, de droite et du fond. — Planche 2. — Le portrait de Baktumur est dans Rosellini, I, 10, 37, et la scène du milieu de la paroi du fond, dans Lepsius, Denkm. III, 202, g.

Piliers. — Planche 3.

La descente qui existe sous la scène du milieu de la paroi du fond est complètement ensablée.

86.

Plan du tombeau d'Amenmésès.

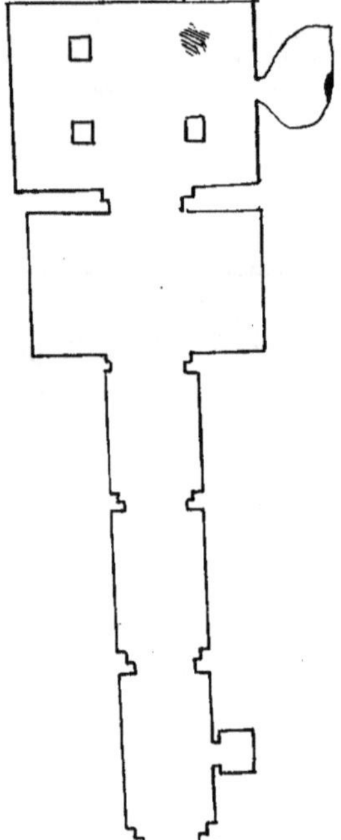

(cf. Description de l'Egypte, Antiq. II, 79, 1).

N° XI.

Ramsès 3.

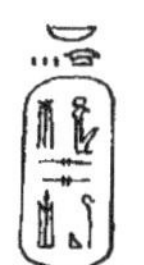

Champollion, Notices, I, 404-424 et 744-752.

Le tombeau a été commencé pour le père de Ramsès 3, Setnekht, qui l'a poussé jusqu'à la première salle. Les cartouches et la légende royale de Setnekht se voient encore en quelques endroits, où le stuc qui les masquait est tombé.

Dans l'avenue à ciel ouvert qui précède la porte, et qui a été taillée de main d'homme, il y a de chaque côté deux têtes de taureau sculptées en relief sur des colonnes ou supports (Champ. 404).

Porte.

Bandeau. — Le disque contenant un scarabée et un criocéphale, entre

Isis à gauche et Nephthys à droite, sur la montagne solaire. Les cartouches du bandeau sont

à gauche :  et :  à droite.

Premiers jambages. Extérieur.— Des deux côtés, légende effacée de Setnekht.

Milieu.— A gauche :

etc.

A droite : id. Là le nom de est enfoui. Seconds jambages. Milieu.— A gauche, Ma.t sur les lotus (cf. Description de l'Ég. Antiq. II, 87, 7), et : . A droite, Ma.t sur les papyrus, cartouche de Ramsès-haq-An, et autre cartouche détruit.

Premier Corridor.

Paroi gauche.

Le roi Ramsès 3 devant Harkhuti .— Titre de la Litanie du Soleil.— Le disque à scarabée et criocéphale entre le serpent, le crocodile, et les deux têtes de taureau, ou plutôt ici de gazelle : (cf. Description de l'Egypte, Antiquités, II, 84, 7, pour ce tableau).— La Litanie du Soleil.

89.

Paroi droite.

Suite de la Litanie solaire, le texte revenant du fond vers l'entrée.

Plafond. — A l'entrée, rien. Au dessus d'Harkhuti commence un plafond plus bas, avec le disque ailé en bandeau : sur cette partie du plafond, ou plutôt sur ce second plafond, restes de vautours et de cartouches alternant.

Première Chambre annexe (Gauche).

Cette chambre s'ouvre dans la paroi gauche du second Corridor.

Porte.

Trou de verrou à gauche. Restes d'hiéroglyphes sur les montants, milieu.

Paroi d'entrée. Côté gauche. Deux Registres.

Premier registre. — Deux hommes foulant un linge, sous un grand [illegible]; l'un est rouge foncé, l'autre jaune pâle. — Second registre. — Les mêmes avec un vase sur un support.

Paroi gauche. Deux Registres.

Premier registre. — Sous 5 rouges, une rangée de pains surmontés eux-mêmes de trois , et une sorte de nain jaune, il y a : reste de 3 hommes dont l'un devant une table, reste de 2 hommes devant un feu et d'un autre homme devant de l'eau (?), avec une boule rouge dedans ; enfin, table à pains. — Second registre. — Reste de deux vases noirs et d'un homme, deux autres vases noirs et deux hommes dont l'un poursuit l'autre : entre eux, un enfant, ou un homme très petit.

Paroi du fond. Deux Registres. — Premier registre. — Reste de 3 hommes devant un feu sous des pains, en haut, reste de 3 pains, puis 3 rangées de vases, en bas, reste de 3 hommes roses à tête pointue :

Second registre. — Un homme rouge, un rose, et reste de jambes et d'habits. — C'est la boulangerie.

Paroi droite. Deux registres.

Premier registre. — En haut, homme rose apportant un vase ; deux crochets avec corde, et, entre eux, objets pendus :

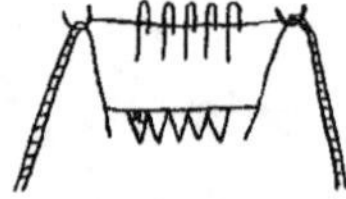

deux autres cordes sans crochets avec les mêmes objets, et deux hommes devant un vase sur un feu ; dessous, homme pressant avec un pilon dans un vase au pied duquel aboutit une des cordes à crochet, homme rose et nu, homme rouge avec vase, pain ou viande, homme rose paraissant faire saigner une tête de bœuf dans un vase, et petit homme rose tenant un vase. Second registre. — Vase, homme rose, reste d'un homme nu, représentation effacée, et reste de deux chaises ou supports.

Paroi d'entrée. Côté droit. Deux registres.

Premier registre. — Pièce de viande, autre pièce de viande, tête de bœuf, et homme dépeçant un bœuf. — C'est la boucherie. — Second registre. — (Il semble que ce soit ici l'atelier de menuiserie, mais faute de place cette partie n'a pas été développée). Sous deux meubles, homme assis travaillant des mains et du pied :

Plafond. — Étoiles sur fond bleu.

Cf. Rosellini, II, 85 et 86 (boulangerie et boucherie).

Seconde chambre annexe (Droite).

Cette chambre s'ouvre dans la paroi droite du premier Corridor.

Porte.

Trous de verrou à gauche. Restes d'hiéroglyphes sur les montants, au milieu.

Paroi d'entrée. Côté gauche et côté droit.

De chaque côté, deux lignes verticales de la Litanie du Soleil (cf. Champollion, 745), introduites là pour remplacer les q.q. lignes coupées dans le corridor par la porte de la chambre. — Pour ces 4 lignes, cf. Séti 1er, I, pl. 11, l. 164-5, et l. 167-8.

Paroi gauche. Deux registres.

Premier registre. — Deux barques. — Second registre. — Deux barques.

Paroi du fond. Deux registres.

Deux barques à chaque registre.

Paroi gauche. Deux registres.

Deux barques à chaque registre, comme aux deux parois précédentes.

Plafond. — Étoiles sur fond bleu (Les étoiles sont d'ordinaire blanches ou jaunes).

cf. Champollion, Mon. III, 255, 256, et 257, 1 (sept barques); et Rosellini, II, 107, et 108, 1 et 2 (sept barques).

Second Corridor.

Porte.

Bandeau. — Le disque ailé. Premiers jambages. Extérieur. — A gauche et à droite, souhait d'années sans fin pour le roi (Champollion, 745). — Milieu. — A gauche et à droite, suite de la Litanie du Soleil. — Seconds jambages. Milieu. — A gauche et à droite, suite de la Litanie du Soleil.

Paroi gauche.

Niche avec personnages de la Litanie, puis, suite des personnages de la Litanie, allant jusqu'à une Isis accroupie devant l'anneau et suivie d'un chacal. Les figurines de la Litanie regardent le fond, et l'Isis regarde l'entrée. — En second registre, sous les personnages de la Litanie, texte dont voici les 1re et dernière lignes :

cf. Séti 1er, IV, pl. 28, 1re grande colonne.

cf. Séti 1er, I, pl. 15, l. 20 et pl. 19, l. 22

(Il y a là deux textes différents, appartenant au Livre de l'Amtuat).

93.

Paroi droite.

Niche, avec personnages de la Litanie, puis, suite de ces figurines, allant jusqu'à une Nephthys accroupie devant l'anneau et suivie d'un chacal. — En second registre sous les personnages de la Litanie, suite du texte de la paroi gauche, revenant de la fin de la paroi droite au commencement de cette paroi. Voici la 1re ligne du texte (fin de la paroi), et la dernière ligne (commencement de la paroi):

cf. Séti 1er, I, pl. 15, l. 20, pl. 19, l. 22-3, et pl. 22, l. 6.

id. IV, pl. 32, 7e grande col.

Plafond. — Le disque dans l'horizon, [hiéroglyphe], contenant l'épervier criocéphale, entre Isis et Nephthys en éperviers, le chapitre de la Litanie qui accompagne d'habitude cette représentation (Ch. 745-6), et sur le reste du plafond étoiles jaunes ou blanches sur un fond bleu. Le texte est bleu sur fond jaune, et bien conservé.

Troisième chambre annexe (Gauche).

Huit chambres annexes s'ouvrent dans le second Corridor. Comme celles du premier Corridor, chacune d'elles a sur ses jambages du milieu la partie du texte du Corridor enlevée par le percement de la porte, et, à gauche, le trou d'un verrou. Aux plafonds, étoiles jaunes ou blanches sur fond bleu.

Paroi d'entrée. Côté gauche. Deux registres.

Premier registre. — Nil du Nord, vert, portant des offrandes. — Second registre. — Nil du Sud, vert, portant des offrandes.

Paroi gauche. Deux registres.

Premier registre. — Quatre dieux assis ayant des épis sur la tête (Champ. 408). — Second registre. — Cinq uræus drapés, suivant l'expression de Champollion (747. — Cf. Description de l'Ég. Antiq. II, 85, 6).

Paroi du fond. Deux registres.

Premier registre. — Cinq dieux assis ayant chacun un épi sur la tête, comme à la paroi gauche (Champ. 408). — Second registre. — Cinq uræus drapés.

Paroi d'entrée. Côté droit. Deux registres.

Premier registre. — Un Nil du Nord, portant des offrandes. — Second registre. — Un Nil, du Nord aussi, portant des offrandes.

Paroi droite. Deux registres.

Premier registre. — Une déesse à tête d'uræus, assise, et cinq uræus drapés. — Second registre. — Id. (Champollion, 409 et 747-748).

Quatrième Chambre annexe (Gauche).

Paroi d'entrée. Côté gauche.

En une colonne de texte hiéroglyphique : réception des bonnes choses par le roi

95.

Paroi gauche. Deux registres.

Premier registre. — Quatre régions personnifiées par des hommes et des femmes alternant, portent des offrandes. — Second registre. — Cinq Nils agenouillés.

Paroi du fond. Deux registres.

Premier registre. — Quatre régions, hommes et femmes alternant, portent des offrandes. — Second registre. — Au milieu, une croix ansée à fleurs, ☥, et de chaque côté trois Nils à genoux.

Paroi droite. Deux registres.

Comme la paroi gauche, mais avec des pays différents.

Paroi d'entrée. Côté droit.

En une colonne : réception de toutes les choses de la terre du Sud par le roi. Cf. Champollion, III, 253 et 254, Rosellini, III, 74, (Nils et régions) ; et Description de l'Ég. Antiq. II, 87, 2 et 3 (poissons).

Cinquième Chambre annexe (Gauche).

Paroi d'entrée. Côté gauche.

Un homme ayant le ka sur la tête : [hiéroglyphes] (Champollion, 410).

Paroi gauche. Deux registres.

Premier registre. — Un gouvernail, une vache, un taureau. — Second registre. — Vache, taureau, et gouvernail ou rame.

Paroi du fond. Deux registres.

Premier registre — Rame, vache et rame. — Second registre. — Vache, rame, taureau.

Paroi droite. Deux registres.

Premier registre. — Taureau, rame, vache. — Second registre. — Taureau, vache, rame.

Paroi d'entrée. Côté droit.

Homme ayant le Ka sur la tête, et tenant d'une main la plume d'autruche, de l'autre le bâton à tête royale : [hiéroglyphe]

Sixième chambre annexe (Gauche).

Paroi d'entrée. Côté gauche.

Les cartouches, précédés par : [hiéroglyphes] — Paroi gauche. — Harpiste devant Anhur-Shu. — Paroi du fond. — Harkhuti et Tum assis dos à dos. — Paroi droite. — Harpiste devant Shu.

Paroi d'entrée. Côté droit.

Comme à la paroi d'entrée du côté gauche.

Cf. Description de l'Egypte, Antiq. II 90, 1, et 91, 1 et 2 (les deux dieux adossés, et les deux harpistes devant Anhur et Shu; Champollion, Mon. III, 261 (les deux harpistes); Rosellini, II, 97 (les deux harpistes); et Prisse d'Avennes, l'Art égyptien, peinture, bardes de Ramsès 3 (les deux harpistes).

Septième chambre annexe (Droite).

Paroi d'entrée. Côté gauche. Deux registres.

Premier registre. — Taureau. — Second registre. — Bassin (du Sud).

Paroi gauche. Deux registres.

Premier registre. — Quatre enseignes (chacal, épervier, [signe], et ibis), et trois autres enseignes à tête d'Hathor. — Second registre. — 12 fouets et 4 cuirasses.

Paroi du fond. Deux registres.

Premier registre. — 5 flèches, 1 carquois à tête de lion, 1 faisceau de flèches,

1 faisceau d'arcs, et 4 carquois. — Second registre. — Sorte de meuble avec animaux peints, une douzaine de Khepesh en bloc, et 4 poignards. Paroi droite. Deux registres.

Premier registre. — 8 enseignes à têtes de dieux. — Second registre. — 1 faisceau de lances, 8 carquois, 1 faisceau de haches et 1 faisceau de sabres.

Paroi d'entrée. Côté droit. Deux registres.

Premier registre. — Taureau noir (du Nord). — Second registre. — Bassin. cf. Description de l'Égypte, Antiq. II, 88, 1-26 (armes et enseignes); Champollion, Mon. III, 262-4 (armes et enseignes, au complet); et Rosellini, II, 121 (armes et enseignes).

Huitième chambre annexe (Droite).

Paroi d'entrée. Côté gauche. Trois registres.

Premier registre. — Deux vases. — Second registre. — Deux vases. — Troisième registre. — Id.

Paroi gauche. Trois registres.

Premier registre. — 10 pièces de bois, longues, et 7 pièces de bois, larges. — Second registre. — 2 côtés de coffre, 7 id. et 2 id. longs. — Troisième registre. — 3 paniers, et 5 côtés de coffre.

Paroi du fond. Deux registres.

Premier registre. — 2 paquets de pièces de bois, 1 collier, 6 vases et dessous 12 autres vases. — Second registre. — 9 boucliers, 1 coffret, 5 [signe], dessous 6 paquets de cordes, 1 faisceau de baguettes, 1 vase long avec crochet Ω pour le suspendre, 11 vases larges à deux crochets, et 8 vases moyens à un crochet.

98.

Paroi droite. Deux registres.

Premier registre. — 10 objets , une sorte de petit collier, 2 vases, 23 vases et au dessous 24 autres vases de forme allongée .

Second registre. — 5 fauteuils avec leurs coussins séparés.

Paroi d'entrée. Côté droit. Quatre registres.

A chaque registre, 1 lit à chevet et 1 escabeau.

Cf. Description de l'Egypte, Antiq. II, 85, 8 et 9 (vase et panier), 87, 1, 4 et 5 (vases), 89, 1-10 (fauteuils, tabourets et lits), et 92, passim. (vases, panier et coffret); Champollion, Mon. III, 268 (1er registre de la paroi droite), et 269 (1er et 2e registres de la paroi du fond); Rosellini, II, 59 et 60 (vases), 61 (panier), et 90 (fauteuils et tabourets); et Prisse d'Avennes, l'Art égyptien, art industriel, fauteuils du tombeau de Ramsès 3, et art industriel, vases du tombeau de Ramsès 3.

Neuvième chambre annexe (Droite).

Paroi d'entrée. Côté gauche. Trois registres.

Premier registre. — 1 bassin et 1 homme à genoux. — Second et troisième registres. — Commencement de 2 autres bassins.

Paroi gauche. Trois registres.

Premier registre. — 7 dieux assis sur la continuation du bassin de la paroi précédente (1er registre). — Second registre. — 4 moissonneurs sur la continuation du second bassin. — Troisième registre. — 2 semeurs et 1 laboureur.

Paroi du fond. Trois registres.

Premier registre. — Un homme en barque et . — Second registre. —

répété. — Troisième registre. — 7 groupes de fleurs et 3 dieux.
Paroi de droite. Deux registres.
Premier registre. — Homme, épervier, momie et 2 ellipses. — Second registre. — (Il réunit les 3 bassins). 2 arbres, la barque de Ra qui est seul dedans, et 1 ellipse.
Paroi d'entrée. Côté droit. Deux registres.
Premier registre. — 1 ellipse. — Second registre. — 2 ellipses.
(Dans cette chambre, toutes les représentations sont sur les bassins).
Cf. Description de l'Egypte, Antiq. II, 90, 2, 3 et 4 (les 7 dieux, la moisson et les semailles); Rosellini, II, 63, et 64, 8 (touffes de fleurs); et Prisse d'Avennes, l'Art égyptien, peinture, plantes et fleurs (2 touffes de fleurs).

Dixième chambre annexe (Droite).

Paroi d'entrée.
A gauche et à droite, un Osiris.
Parois gauche et droite. — Sur chacune de ces parois, trois Osiris.
Paroi du fond.
Quatre Osiris. (Cf. Champollion, 747, pour les noms des 12 Osiris).

Première Salle.

Porte.
Bandeau. — Le disque ailé. — Premiers jambages. Extérieur. — Des deux côtés, éloges du roi (Champ. 410-11), avec traces du cartouche de Setnekht, à gauche. Milieu. — Des deux côtés, cartouches de Ramsès 3. — Seconds jambages. Milieu. — Tat, Ti, [illegible] et [illegible].

superposés par groupes de trois (et non peints à gauche). Cf. Champ. 411.

Paroi gauche.

Le roi offre l'encens à Harkhuti coiffé du pschent ; le roi offre l'encens à Ptah dans un naos (cf. Description de l'Eg. Antiq. II, 85, 1).

Paroi du fond.

D'abord, à gauche, ébauche de corridor, puis femme coiffée de lotus , élevant un vase (Champ. 412), et légende du roi en deux colonnes : la devise d'enseigne, qui semble surchargée, est :

Paroi d'entrée. Côté droit.

Légende du roi en une colonne. Le roi offrant l'encens à Ptah-Sakar. Osiris derrière lequel Isis étend ses ailes (Champollion, Mon. III, 260 ; et Rosellini I, 145 ; cf. Description de l'Egypte, Antiq. II, 85, 5).

Paroi droite.

Le roi offrant Ma-t à Osiris. Cartouches du roi en une colonne. Le roi libant devant Anubis (cf. Description de l'Eg. Antiq. II, 85, 3).

Plafond. — Etoiles sur fond bleu.

Cette salle n'a pas de paroi d'entrée à gauche, parce qu'elle était destinée d'abord à être un corridor : la partie non décorée de l'ébauche du corridor a un trou qui s'ouvre sur le tombeau N° 10.

Troisième Corridor.

Porte.

Bandeau. — Le disque ailé. — Jambages. Extérieur. — Des deux côtés, é-

loges du roi. Milieu. — Des deux côtés, cartouches du pharaon.
Paroi gauche.
Un vide, puis la 4e heure de l'Amtuat, qui a, en haut, [hiéroglyphe], un serpent à deux ailes [hiéroglyphe], et au 2e registre Thoth donnant l'œil sacré à Horus; à la fin, sous un disque ailé, niche, avec reste de têtes surmontées d'étoiles.
Paroi droite.
Un vide, puis la 5e heure de l'Amtuat, qui a la tête [hiéroglyphe], et le dieu à tête d'épervier tenant les deux ailes d'un serpent; au bout, sous un disque ailé, niche, avec têtes surmontées d'étoiles, dieu levant la main, et Ma.t.
Plafond.
En deux parties, l'une plus basse, au dessus des deux côtés vides des parois gauche et droite, à l'entrée, comme pour faire place aux battants ouverts d'une porte, l'autre plus haute: chaque partie est à étoiles sur fond bleu.

Seconde Salle.

Porte.
Bandeau. — Le disque ailé. — Premiers jambages. Extérieur. — Des deux côtés, mêmes éloges du roi, [hiéroglyphe] etc. Milieu. — Des deux côtés, légende du roi. — Seconds jambages. Milieu. — Des deux côtés, une Hathor, qui à droite est bucéphale, regardant vers l'entrée du tombeau.
Paroi d'entrée. Côté gauche.
Osiris debout, et, de chaque côté de lui, deux peaux de panthère.

Paroi gauche.

Les quatre divinités Mesta, Anubis, Tuaumatef et Isis.

Paroi du fond.

A gauche : l'Anmatef à uræus ayant devant lui les quatre dieux des canopes sur un lotus, et derrière lui une peau de panthère.

Paroi droite.

Les quatre divinités Hapi, Kebsenuf, Nephthys et Serek.

Plafond. – Etoiles sur fond bleu.

Troisieme Salle.

Porte.

Bandeau. – Le disque ailé. – Premiers jambages. Milieu. – Des deux côtés, les cartouches du roi. – Seconds jambages. Milieu. – A gauche, Tat ayant des bras humains, à droite, Osiris.

Paroi d'entrée. Côté gauche.

Commencement de la 4e division du Livre de l'Enfer, où sont les Hennin, etc. Cette division a trois registres, comme d'habitude.

Paroi gauche.

Suite de la 4e division du Livre de l'Enfer : les quatre races sont assez bien conservées. Cf. Champollion, Mon. III, 254, 2 (un Nègre), et 257, 2 (un Asiatique).

Paroi d'entrée. Côté droit.

Commencement de la 5e division du Livre de l'Enfer, où est Aken.

Paroi droite.

Suite de la 5e division. – Dans cette paroi s'ouvre la 11e chambre latérale

Paroi du fond.

A gauche, fin de la 4e division du Livre de l'Enfer (les Hennu), et le roi devant Osiris, dans un naos; à droite, fin de la 5e division du Livre de l'Enfer (Aken), et le roi devant Osiris dans un naos adossé à celui de gauche. — A la fin de la 5e division, l'uræus dans un bassin rond, suivi d'une momie, appartient au registre inférieur, le troisième.

Piliers.

Premier pilier de gauche. — Entrée. — Le roi tenant Ma.t [hiéroglyphe]. — Droite. — Ptah en naos. — Gauche. — Le roi tenant [hiéroglyphe]. — Fond. — Harkhuti.

Second pilier de gauche. — Entrée. — Le roi tenant deux vases [hiéroglyphe]. Droite. — Thoth-lune à disque et croissant jaunes. — Gauche. — Le roi encensant et libant. — Fond. — Seb coiffé [hiéroglyphe].

Premier pilier de droite. — Entrée. — Le roi tenant le vase [hiéroglyphe]:

[hiéroglyphes]

— Gauche. — Khepra. — Droite. — Le roi tenant Ma.t [hiéroglyphe]. — Fond. — Tum-Harkhuti: [hiéroglyphe].

Second pilier de droite. — Entrée. — Le roi offrant l'encens. — Gauche. — Dieu lune [hiéroglyphe], à tête humaine, désigné par le titre suivant: [hiéroglyphes]. Droite. — Le roi offrant le vin à son père, d'après le texte. — [hiéroglyphes].

Fond. — Nefertum Khutaui Harhakennu.

Cf. Champollion, 413-5, pour les textes et les personnages des piliers.

Plafond. — Pas de traces de peinture.

Onzième chambre annexe (Droite).

Cette chambre s'ouvre dans la paroi droite de la troisième Salle.

Porte.

Premiers jambages. Milieu. — Des deux côtés, cartouches. — Seconds jambages. Milieu. — Nit faisant [illegible] et regardant l'entrée, à gauche, et à droite Serek pareille à Nit.

Paroi d'entrée. Côté gauche.

Le roi offrant Ma-t à Osiris.

Paroi du fond.

Commencement de la 6e division du Livre de l'Enfer, qui a la moisson, en deux registres. — Au premier registre, les personnages tenant les corbeilles et les plumes ; au second registre, la barque de Ra et les ☥.

Parois gauche et droite.

Suite et fin de la 6e division du Livre de l'Enfer, en deux registres. — Au premier registre, les personnages tenant les faucilles ; au second registre, les personnages tenant les épis.

Paroi d'entrée. Côté droit.

Le roi entre Harkhentkheti et Thotlune, à disque et croissant jaunes.

Plafond. — Le plafond de cette chambre ne paraît pas avoir été peint : il y a des carrés noirs comme pour y distribuer les étoiles.

Descente.

C'est, comme d'habitude, une sorte de cage faisant corridor entre les deux derniers piliers de gauche et de droite de la salle précédente.

Côté gauche. — Long serpent uræus ailé, avec Ω entre les ailes et regardant le fond : tourné en face de lui, un chacal sur un édicule, avec quelques lignes de texte (Champ. 416) ; ensuite, le texte des offrandes de l'Ap. ro appelées chacune œil d'Horus. Cf., pour ce texte, Séti 1er. III, pl. 6, 7, 8, 12 et 13.

Côté droit. — Comme au côté gauche ; à gauche, le nom de l'uræus est Nekheb, ici, c'est Uadji.

Quatrième Corridor.

Porte.

Bandeau. — Le disque ailé. — Jambages. Extérieur. — Éloges et cartouches du roi, des deux côtés. Milieu. — A gauche, Horus vengeur de son père [hiéroglyphes], faisant l'Ap. ro de l'Osiris roi ; à droite, un personnage effacé, dans un coffret [dessin], et offrant deux vases à l'Osiris-roi.

Parois gauche et droite.

Commencement et suite du Livre de l'Ap. ro — v. aux Remarques.

Plafond. — Aucune trace de peintures.

Quatrième Salle.

Porte.

Bandeau. — Le disque ailé. — Premiers jambages. Extérieur. — A droite et à gauche, éloges du roi. Les deux jambages sont brisés, en haut à droite, et plus bas à gauche. Milieu. — Id. (cf. Champ. 417). — Seconds jambages. Milieu. — A gauche, Nit regardant vers l'entrée, à droite, restes de Serek tournée de même.

Tous les personnages de cette salle sont dans des [hieroglyph]; Cf. une liste de personnages analogue, avec différences, dans Leps. Denk. III, 276.

Paroi d'entrée. Côté gauche.

Le criocéphale [hieroglyphs], et la léontocéphale [hieroglyphs].

Paroi gauche.

Le crocodilocéphale [hieroglyphs], l'androcéphale [hieroglyphs], le lycocéphale [hieroglyphs], la léontocéphale [hieroglyphs], l'homme à tête de face [hieroglyphs], le lycocéphale [hieroglyphs].

Paroi du fond. Côté gauche.

L'ibiocéphale [hieroglyphs], et Isis.

Paroi d'entrée. Côté droit.

La déesse [hieroglyphs], et le lycocéphale [hieroglyphs].

Paroi droite.

Tefnut, le cynocéphale [hieroglyphs], Serek, l'androcéphale [hieroglyphs], Shu, et Thoth.

Paroi du fond. Côté droit.

Un androcéphale sans nom, et un dernier personnage disparu: de ce dernier il ne reste plus d'apparent que le haut de son coffre.

Les personnages de cette salle sont ceux qui figurent dans les deux niches du quatrième Corridor, au tombeau de Ramsès 4; voir ce tombeau, pl. 37 et 39; les noms des dieux ne s'y trouvent pas.

Plafond. — Aucune trace de peinture n'y est visible aujourd'hui.

Cinquième Salle.

Porte.

Bandeau. — Le disque ailé. — Jambages extérieur. — (Le jambage droit est brisé à partir du haut).

A gauche: A droite:

Milieu. — A gauche, éloges effacés du roi, puis, Isis tournée vers l'entrée et faisant [hieroglyphs]. A droite, [hieroglyphs]: le reste est détruit.

Paroi d'entrée. Côté gauche et côté droit.

De chaque côté, un grand édicule contenant des personnages. Pour cette série de personnages, qui se continue sur la paroi du fond, cf. Lepsius, Denkm. III, 276, h. — A gauche, les personnages contenus dans l'édicule [hieroglyph] sont: un petit personnage marchant, et un homme assis tenant deux lézards, [hieroglyphs]. A droite, reste d'un autre édicule, avec reste (les pieds) d'un personnage noir assis, et moitié d'un lycocéphale assis, [hieroglyphs], tenant un serpent.

Paroi gauche.

Cette représentation occupe toute la paroi gauche. Dans l'édifice, il y a la confession négative du roi, et les 42 juges, momies à plume d'autruche sur la tête.

Paroi droite.

Le roi et Horus neb Ament, à pschent, le roi et Thoth (disque et croissant jaunes), le roi et Anubis, le roi et Tum.

Paroi du fond. Côté gauche et côté droit.

A gauche, dans un édicule, trois personnages à tête de crocodile, de tortue et de taureau (Champ. 418). A droite, dans un édicule, personnage noir assis tenant d'une main un serpent et de l'autre un serpent et un lézard (cf. Champ. 748):

puis, crioréphale à face verte (bras effacés), dont le nom est .

Plafond. — Aucune trace de peinture.

Sixième Salle.

Porte.

Bandeau. — Détruit. — Premiers jambages. — (Creusés dans le haut) Extérieur et Milieu. — A gauche et à droite légende du roi (cf. Champ. 749). — Seconds jambages. Milieu. — A gauche, chacal sur un édicule, tourné vers l'entrée et ayant derrière lui une petite momie, et dessous un grand lion. A droite, léontocéphale tourné vers l'entrée; derrière lui le roi assis sur , et derrière le léontocéphale et au-dessus du roi, en grosses lettres, [hieroglyph] (Champollion, 749 : là le support du roi est à tort carré).

Paroi d'entrée. Côté gauche.

La 11e division du Livre de l'Enfer, qui a les porteurs de disques et les porteurs d'étoiles.

Paroi gauche. Avant la voûte.

(La douzième chambre annexe s'ouvre dans cette paroi). Au dessus de la porte de la chambre annexe, dans un édicule ainsi fait [figure] Deux singes assis et un singe debout (Cf. Champollion, Notices, I, Tombes des reines, 385, N° 3, et 393, N° 6). — Après cette porte, le début du Livre de l'Enfer, où se trouve l'entrée du disque entouré d'un serpent, [hieroglyph]. Dans la montagne qui communique avec l'enfer.

Paroi gauche. Sous la voûte.

Comme au tombeau de Tauser, N° XIV. V. la planche 2 de ce N°.

Paroi gauche. Après la voûte. — Planche 1 (Cf. Champollion, Notices, I, Tombes des reines, 385, N° 3, 393, N° 6, 394, N° 7, et 396, N° 8). Les 4 lignes du texte du second registre, qui commencent par [hieroglyphs], sont le début de la 11e division du Livre de l'Enfer (2e registre); il y a dans ce texte : ce qui ouvre l'enfer pour le Nun, ce sont les bras d'Amenrauf.

Paroi d'entrée. Côté droit.

La 8e division du Livre de l'Enfer, celle qui a les baigneurs, etc.

Paroi droite. Avant la voûte.

Porte de la 14e chambre annexe ayant au dessus l'édicule à [hieroglyph], qui contient ici un [hieroglyph], une momie hiéracocéphale, et une momie ibiocéphale assises (Cf. Champollion, Notices, I, Tombes des reines, 385, N° 3, et 394, N° 7).

Ensuite, l'apothéose du nom de Ramsès 3, copiée par Champollion (422-3), occupant le reste de la paroi, entre 4 colonnes de texte,

à gauche: à droite:

Paroi droite. Sous la voûte.

Comme au tombeau de Causer, N° XIV.

V. la planche 2 de ce N°.

Paroi droite. Après la voûte. — Planche 1 (Cf. Champollion, Notices, I, Tombes des Reines, 385, N° 3, et 394, N° 6 et 7). La quinzième chambre annexe s'ouvre dans cette paroi.

Paroi du fond. Côté gauche.

La 2° division du Livre de l'Enfer, où sont le taureau et les [hiéroglyphe], etc.

Paroi du fond. Côté droit.

La 10° division du Livre de l'Enfer, où est la face de Ra (dans le disque, ici).

Porte de la 14° chambre annexe.

Piliers. Avant la voûte.

Premier pilier de gauche. — Entrée. — Le roi tenant [hiéroglyphe]. — Gauche. — Harkhuti hiéracocéphale à disque. — Droite. — Le roi tenant [hiéroglyphe]. — Fond. — Osiris à face verte, coiffé de [hiéroglyphe], et en marche.

Second pilier de gauche. — Entrée. — Le roi tenant les vases de vin [hiéroglyphe] (pour Thoth). — Gauche. — Thoth-lune, [hiéroglyphe] (disque et croissant jaunes). — Droite. —

Le roi tenant l'huile pour Tum. – Fond. – Tum avec le disque sur la tête.

Premier pilier de droite. – Entrée. – Le roi offrant Ma-t. – Droite. – Har Khent Kheti, hiéracocéphale à pschent, avec le titre de: [hiéroglyphes] – Gauche. – Le roi offrant Ma-t. – Fond. – Osiris Unnefer, face verte, coiffé [hiéroglyphes].

Second pilier de droite. – Entrée. – Le roi offrant le vin. – Droite. – Shepsi ami Sesennu à [hiéroglyphe] jaune (Champ. 749). – Gauche. – Le roi offrant l'huile. – Fond. – Dieu à face humaine et à disque sans uræus.

[hiéroglyphes]

Piliers. Après la voûte.

Premier pilier de gauche. – Droite. – Le roi tenant Ma-t [hiéroglyphe]. – Entrée. – Ptah Tanen marchant, coiffé [hiéroglyphes]. – Fond. – Le roi encensant et libant. – Gauche. – Anubis.

Second pilier de gauche. – Droite. – Le roi encensant et libant. – Entrée. – Khepra disqué, à tête humaine. – Fond. – Le roi offrant l'Anti [hiéroglyphe]. – Gauche. – Seb [hiéroglyphes].

Premier pilier de droite. – Gauche. – Le roi offrant l'huile. – Entrée. – Ptah Sakar Osiris vert, en marche, coiffé [hiéroglyphes]. – Fond. – Le roi encensant et libant. – Droite. – Shu si Ra, coiffé de sa plume.

Second pilier de droite. – Gauche. – Le roi offrant l'huile. – Entrée. – Harkhuti criocéphale à disque. – Fond. – Le roi offrant Ma-t. –

Droite. — Anhur ka shuti, noir, (cf. Champollion, p. 751).

Pour les textes et les personnages des piliers, cf. Champ. (749-751).

Voûte. — Ne paraît pas avoir été peinte.

Soubassement. — Le soubassement, sur lequel s'appuient les piliers, fait le tour de la partie de la salle qui est sous la voûte, sauf au milieu, dont le passage reste libre pour conduire aux derniers corridors. — Il n'y a pas trace de peinture, si ce n'est à la corniche.

Douzième chambre annexe (Gauche).

Cette chambre s'ouvre dans la paroi gauche de la dernière salle, avant la voûte.

Paroi d'entrée. Côté gauche. — Deux vaches, en deux registres.

Paroi gauche. Deux registres.

Premier registre. — Un taureau, une rame, une vache, le reste détruit. — Second registre. — Une vache, un taureau dont il ne reste que la tête, et une vache.

Paroi du fond. Deux registres.

Premier registre. — Un taureau, deux rames, et un taureau. — Second registre. — Une vache, deux rames, et une vache.

Paroi d'entrée. Côté droit. — Les cartouches du pharaon.

Paroi droite. Deux registres.

Premier registre. — Une rame (ou gouvernail comme aux autres parois), une vache, un taureau, et une vache. — Second registre. — Un taureau, une rame et deux vaches. — Cf. pour cette chambre, la 5e chambre annexe.

Treizième chambre annexe (Gauche).

Cette chambre s'ouvre dans la paroi gauche de la dernière salle, après la voûte.

Porte. — Jambages. Extérieur. — Des deux côtés, restes des cartouches.

Paroi d'entrée. Côté gauche. — Un Osiris.

Paroi gauche. — Un chacal sur l'enseigne, et trois Osiris.

Paroi d'entrée. Côté droit. — Un Osiris.

Paroi droite. — Un chacal sur l'enseigne et trois Osiris.

Paroi du fond. — Un Osiris ayant devant lui le lotus à quatre momies, cartouches du roi en colonne, et autre Osiris ayant devant lui le lotus à quatre momies.

Cf. pour cette chambre, la dixième chambre annexe, second Corridor.

Quatorzième chambre annexe (Droite).

Cette chambre s'ouvre dans la paroi droite de la dernière salle, avant la voûte. — Le paradis égyptien, comme à la neuvième chambre annexe, second corridor.

Quinzième chambre annexe (Droite).

Cette chambre s'ouvre dans la paroi droite de la dernière salle, après la voûte. — La Vache et son texte. — Planches 2, 3, 4, 5 et 6. — Cf. Naville, Transactions of the Society of biblical Archæology, vol. VIII, part 3. L'inscription de la destruction des hommes dans le tombeau de Ramsès 3, pl. 1–3.

Cinquième Corridor.

Porte.

Bandeau. — Rangée de 8. — Premiers jambages. Extérieur. — Des deux côtés, cartouches et devise d'enseigne. — Milieu. — Des deux côtés, cartouches. — Seconds jambages. Extérieur. — A gauche :

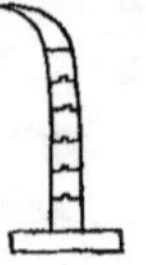

à droite, singe tenant un arc (cf. Champollion, 421, pour le singe).

Paroi gauche.

Trois androcéphales assis en l'air et tenant un lézard de chaque main, un criocéphale assis en l'air et tenant un serpent de chaque main. Les personnages sont dans un naos

Paroi droite.

Dans un naos semblable à celui de la paroi précédente : table d'offrandes ; homme nu et debout représenté de face, sauf la tête, avec les seins marqués, et les pieds en forme de carrés, ; deux androcéphales assis en l'air, avec un lézard dans chaque main.

Sixième Corridor.

Porte.

Sans bandeau. — Jambages. Extérieur. — A gauche, cartouche du roi, et dessous un hiéracocéphale debout ; à droite, cartouche, et dessous un homme accroupi devant une table d'offrandes, et tenant par le cou une tête de gazelle. — Milieu. — Des deux côtés, cartouches du roi.

Paroi gauche.

Dans un naos à , un homme tenant un lézard d'une main et un serpent de l'autre, un lycocéphale tenant un serpent de chaque main, un lycocéphale tenant un couteau, et un crocodilocéphale tenant un serpent de chaque main.

Paroi droite.

Dans un naos à 𓊪, une femme à tête bestiale, verte, nue, et debout, représentée de face, sauf les pieds qui sont de profil ; voici la tête : un androcéphale assis en l'air, devant : enfin, un homme assis en l'air avec un serpent à chaque main.

Septième Corridor

Porte.

Jambages. Extérieur et Milieu. — Des deux côtés, les cartouches du roi.

Paroi gauche.

Creusée en une sorte de niche séparée en deux compartiments par une espèce de pilier sur lequel est représenté un Osiris debout, momifié.

Premier compartiment. — 1ère petite paroi. — Cartouche. — Grande paroi. — Dans des naos, et chacun devant une table d'offrandes, une déesse, un ophiocéphale, un androcéphale (Champ. 424), un ophiocéphale, et un crocodilocéphale. Cf. pour ces dieux, Mariette, Abydos, II, 19. — 2e petite paroi. — Cartouche.

Second compartiment. — 1ère petite paroi. — Cartouche. — Grande paroi. — Dans des naos et devant des tables d'offrandes, comme au premier compartiment, une déesse à sur la tête, un taurocéphale, et un androcéphale. — 2e petite paroi. — Cartouche.

Paroi droite. En trois compartiments.

Premier compartiment. — 1ère petite paroi. — Cartouche. — Grande paroi. — Dans les naos à offrandes, et tournés vers l'entrée, le dieu [hiéroglyphes], un autre dieu (peut-être Hapi), et le léontocéphale [hiéroglyphes]. — 2e petite paroi. — Cartouche.

Second compartiment. — 1re petite paroi. — Cartouche. — Grande paroi. — Dans les naos à offrandes, un dieu et une déesse.

Troisième compartiment. — 1re petite paroi. — Cartouche. — Grande paroi. — Dans les naos à offrandes, un crocodilocéphale, une léontocéphale et le lycocéphale [hiéroglyphes].

Paroi du fond.

Osiris et le porc, planche 7. — C'est une scène du Livre de l'Enfer, 5e div.

Le corridor est voûté.

Remarques.

Portraits du roi. — Voir Champollion, III, 254. Rosellini I. 7. 28, et 9. 33, Lepsius, Denkm. III, 215, et Prisse d'Avennes, l'Art égyptien, peinture, portrait en pied de Ramsès 3.

Sarcophage. — En granit rose. Il était dans la grande salle. Acheté par Charles X, la cuve de ce beau sarcophage est maintenant au Musée du Louvre (D, 1), et le couvercle, emporté par Salt, est à l'Université de Cambridge (Cf. Rosellini, Texte, Monumenti storici, parte prima, t. IV, 107). Le couvercle a été décrit et publié par le Dr Birch dans les Transactions of the antiquarian Society of Cambridge. La momie, trouvée à Deir el Bahari est à Boulaq.

Extérieur de la cuve. — Taillé en forme de cartouche. A la tête, Nephthys ailée sur le signe de l'or, entre les cartouches du roi et le texte initial de la 7e heure de l'Amtuat. — Aux pieds, Isis ailée sur l'or, entre les cartouches et le texte initial de la 8e heure de l'Amtuat. — Côté droit, 7e heure de l'Amtuat. — Côté gauche, 8e heure de l'Amtuat. — En frise, à droite et à gauche, texte horizontal de la 7e heure de l'Amtuat. — Sur les côtés de la partie saillante de la cuve, aux pieds, à gauche, petit discours de Nit au roi, et à droite, d'Isis.

Intérieur de la cuve. — Décrit par Mr de Rougé (Nouvelles Notices, 3e édition, p. 175-6). — A la tête, comme aux pieds du sarcophage de Ramsès 4 : « disque solaire ; sous ce disque est un personnage en forme de momie, ayant en tête le disque et l'étoile. A droite et à gauche sortent du sol une tête de déesse et un bras allongé qui porte un petit personnage versant l'eau céleste sur un individu debout et en forme de momie » (de Rougé, p. 175). — Aux pieds, le début de la 1ère division du Livre de l'Enfer, c. à. d. le disque entrant dans la montagne. — Sur les côtés, en haut : frise composée du chacal alternant avec trois 𓋹. — Côté droit : 6 personnages adorant un corps acéphale, dans une ellipse, lequel émet un jet de semence, et 6 éperviers androcéphales sur des ellipses contenant des momies. — Côté gauche : non décrit par M. de Rougé, qui le dit analogue au même côté du sarcophage suite D. 8 du Musée du Louvre ; ce côté du sarcophage saïte est semblable aux deux côtés du sarcophage de Ramsès 4, où il y a : 4 personnages à genoux devant l'hiéroglyphe de l'ombre, Isis et Nephthys s'arrachant les cheveux, 4 dieux-poissons tenant une corde et entourant Akèr qui saisit le disque du soleil, un criocéphale abaissant les mains vers un disque, et deux personnages élevant les bras devant la tête et la nuque du soleil.

Fond de la cuve. — La déesse de l'Amenti, ailée.

Champollion a publié (Mon. III, 264), les figures du registre inférieur de la 7e heure de l'Amtuat, qui occupe une partie de l'extérieur de la cuve, au côté droit. — M. de Bergmann a analysé et utilisé les scènes et les textes de l'intérieur de la cuve, dans sa notice sur le sarcophage de Nesschutafnut (Recueil de travaux, t. VI, livr. 3 et 4, p. 131-165). — M. Pierret a publié une statuette funéraire en bois, de Ramsès 3, appartenant au Musée du Louvre (Études égyptologiques, 8e livraison, p. 82).

L'Ap-20. — La partie de l'Ap. 20 qui occupe le 4e corridor de Ramsès 3, correspond (paroi gauche) aux col. 1-40, et (paroi droite) aux col. 41-83 bis de l'Ap. 20 de Séti 1er (V. Tombeau de Séti 1er, 3e Partie, pl. 2-5). Comme dans ce dernier tombeau, la composition est dirigée vers le fond sur la paroi gauche, et elle revient vers l'entrée sur la paroi droite. Dans le détail, la disposition du Livre est aussi la même qu'au tombeau de Séti 1er, avec ces différences:

il y a 81 colonnes et non 83 colonnes dans Ramsès 3, Séti 1er ayant 2 col. vides, la 73e et la 80e; — la col. 60 appartient dans Ramsès 3 à la scène qui suit ; — la scène des col. 81.3, qui n'est que la répétition de la précédente, n'existe pas dans Ramsès 3, où il n'y a par suite que 19 scènes en premier registre, tandisqu'il y en a 20 dans Séti 1er.

Voici les variantes que fournit l'Ap. ro de Ramsès 3, comparé avec celui de Séti 1er, pour les textes et pour les scènes :

1. — Texte des colonnes.

Pl. II. col. 1. [hiéroglyphe] au lieu de [hiéroglyphe]

col. 2. [hiéroglyphes] manque.

col. 4, etc. [hiéroglyphe] au lieu de [hiéroglyphe].

col. 6, etc. [hiéroglyphe] " [hiéroglyphe].

col. 9, 10 et 11. [hiéroglyphes] au lieu de [hiéroglyphes]

col. 12. [hiéroglyphe] au lieu de [hiéroglyphe].

col. 27. [hiéroglyphe] " [hiéroglyphe].

col. 29. [hiéroglyphe] " [hiéroglyphe].

col. 31. [hiéroglyphe] " [hiéroglyphe].

Pl. III. col. 41. [hiéroglyphe] " [hiéroglyphe].

col. 43. [hiéroglyphe] " [hiéroglyphe]

col. 48-9. [hiéroglyphes] au lieu des 2 colonnes de Séti 1er.

col. 50. [hiéroglyphe] au lieu de [hiéroglyphe].

Pl. III. col. 50. [hiéroglyphe] au lieu de [hiéroglyphe].

col. 52 [hiéroglyphe] " [hiéroglyphe]

col. 53 [hiéroglyphe] " [hiéroglyphe]

entre les col. 57 et 58 : [hiéroglyphes], col. intercalée.

Pl. V. col. 76. [hiéroglyphe] au lieu de [hiéroglyphe].

col. 77, [hiéroglyphe] manque.

col. 79. [hiéroglyphe] au lieu de [hiéroglyphe].

col. 83. [hiéroglyphe] " [hiéroglyphe]

---

2. — Texte des scènes.

Pl. II. Scène 2. [hiéroglyphes] et [hiéroglyphes],

au lieu de [hiéroglyphes] et [hiéroglyphes].

Pl. III. Scène 12. [hiéroglyphes] au lieu de [hiéroglyphes].

Pl. IV. Scène 13. [hiéroglyphe] " [hiéroglyphe].

Scène 15. [hiéroglyphe] " [hiéroglyphe].

Scène 16. [hiéroglyphes] " [hiéroglyphes].

3. – Scènes.

Scène 1. – La statue du roi est posée sur deux objets peints ainsi: Bleu / J. à points Rouges. La statue est coiffée là du pschent, ainsi qu'aux scènes 9 et 13 : aux scènes 2, 3, 4, 5, 6, 7 et 17 elle porte la coiffure habituelle de la statue du tombeau de Séti 1er (cf. 3e partie, pl. 11, scène 1):

En outre de la couronne (scènes 10 et 15) et de la couronne (scène 18), les autres coiffures que porte la statue de Ramsès 3 sont les suivantes:

Sc. 8, 2e reg. sc. 11. sc. 12. sc. 14 et 16. sc. 20.

Sc. 20, 3e reg.

A la dernière scène, 1er et 2e registres, l'Anmatef a sur sa peau de panthère une ceinture a raies bleues : il porte la même ceinture à la scène 18. Enfin, à la scène 10, le manteau du Sem assis est rouge, tandisqu'il est jaune à la scène précédente. Le tabouret du Sem est peint ainsi:

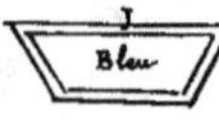

N°. XII.

(Anonyme).

Il n'y a aucune inscription. Ce tombeau est enfoui à partir des premières marches de l'escalier, où commence un trou de fouilleur.

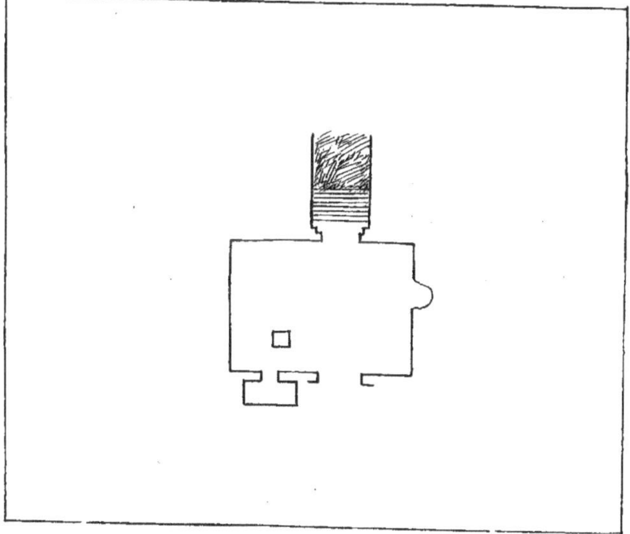

N° XIII.

(Anonyme).

A l'entrée sont écrits les noms de Belmore et Corry, ce qui ne veut pas dire que le tombeau ait été découvert par ces deux voyageurs : le capitaine anglais Corry avait l'habitude d'inscrire son nom sur les monuments (cf. Champollion, Not. I, 204). Le tombeau N° 13 est ensablé, et après le premier cor-dor commence un trou de fouilleur.

Porte.

Bandeau.

De la décoration intérieure, il ne reste d'apparent que [hiéroglyphe] sur la pa-roi gauche. — Le tombeau doit être celui du grand chancelier Baï, contemporain et protecteur de Siptah, qui portait le titre gravé sur le bandeau de la porte (Cf. Lepsius, Denkm. III, 202, a et c).

N° XIV.

Tauser et Setnekht.

Champollion, Notices, I, 448-459, et 806-807.

Le N° 14 se compose en réalité de deux tombeaux, celui de la reine Tauser, puis celui de Setnekht. Setnekht, en ajoutant son hypogée à celui de Tauser, usurpa de plus toute la partie ayant appartenu à cette reine, dont les portraits furent stuqués; sur les parties stuquées on ajouta en surcharge les portraits de Setnekht, ou le plus souvent ses cartouches non gravés, et peints à la hâte, en noir.

I. Tauser.

Porte.

Bandeau. — Petit disque avec le scarabée et le criocéphale dedans. Aux deux côtés du disque, comme d'ordinaire, les déesses Isis et

Nephthys, et le nom de la reine Tauser, avec ses titres, c'est-à-dire,

à gauche : 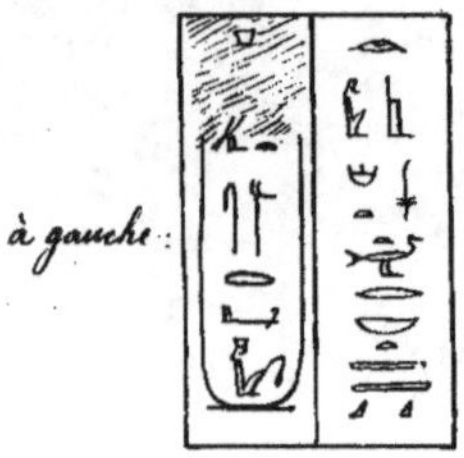 et : 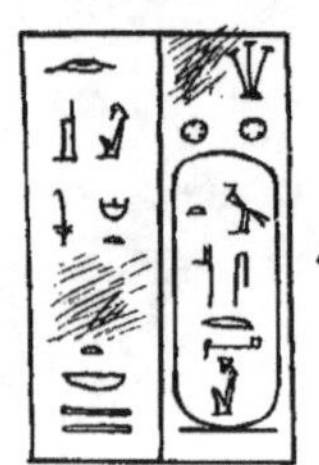 à droite.

Par dessus cette première décoration du bandeau, on avait repeint un plus grand disque, jaune, presque détruit maintenant, avec Isis et Nephthys de chaque côté, et les cartouches de Setnekht, illisibles aujourd'hui.

Premiers jambages. Extérieur. — A gauche, rien ; à droite, : c'étaient les titres de la reine. Les titres ont été surchargés par ceux de Setnekht ; et on distingue encore dans la devise d'enseigne de la surcharge (cf. Champollion, 448). Milieu. — Le jambage de gauche est coupé ; celui de droite a les restes du nom de Tauser.

Seconds jambages. Milieu. — Coupés des deux côtés, sauf en haut : à gauche, reste de main ailée (Ma.t) ; à droite : l'Osiris royale femme......

Premier Corridor.

Espace vide de chaque côté, après la porte.

Paroi gauche.

La reine coiffée du vautour offre les deux vases à Harkhuti. (Champollion, Mon. III, 235, 3 ; et Rosellini, I, 121). — Après cette scène, le plafond du corridor est plus bas. — La reine, coiffée de 𓋔, offre ⌓ à Anubis. Ensuite, le roi :

Il offre Ma.t à Isis (Champollion, Mon. III, 233, 3 et 234, 1 ; et Lepsius, Denkm. III, 211, b). La reine, surchargée d'un roi, devant Harsiésis. La reine, surchargée d'un roi, devant Nefer-Tum.

Paroi droite.

La reine devant Ptah en naos : entre eux, un petit autel avec cruche et lotus, et derrière le naos, Ma.t. La légende de la reine est :

La reine, 𓁐, tenant l'huile pour Seb (Champollion, Mon. III, 233, 4). Devant elle, Siptah offrant encens et libation à Seb, séparé de lui par un petit autel (Rosellini, I, 120, 3 ; et Denkm. III, 201, a). La reine offrant ℧, surchargée d'un roi qui offre Ma.t, devant Har-khuti crioréphale, suivi d'Hathor et de Nephthys. — La reine a toujours la robe longue, et a les chairs peintes en rouge.

Plafond. — Plus bas à partir de la première scène de la paroi gauche, comme il a été dit. Restes de peinture bleue. Les autres plafonds n'ont pas trace de décoration, si ce n'est la voûte de la grande salle.

Second Corridor.

Porte.

Bandeau. — Le disque ailé. — Jambages. — Coupés après leur achèvement. Extérieur. — A gauche, on distingue encore vers le bas ; à droite, rien. Milieu. — Repeint après la coupure. A gauche, une déesse dont le nom manque, faisant ; à droite, Hathor faisant de même.

Paroi gauche.

Un roi devant Anubis. Derrière Anubis, quelques lignes mutilées d'un petit texte relatif à la porte représentée à la suite, sur le mur: c'est une partie du chapitre 145 du Livre des Morts. Le reste, effacé jusqu'à la fin où l'on voit, tournées vers l'entrée, les jambes d'un personnage aux chairs rouges, dans une porte du ch. 145. Pour la partie de ce chapitre qui se trouve au tombeau de Tauser, v. Naville, das Aegyptische Todtenbuch, I, 156 – 158.

Paroi droite.

Partie du chapitre 145 du Livre des Morts, c. à. d. : le roi , devant un personnage tenant un couteau. Second personnage à couteau. Troisième personnage à couteau : il est criocéphale, et dans une porte. — Cartouches de Setnekht:

(Les cartouches sont en une seule colonne, et non en deux, comme ici).

Troisième Corridor.

Porte.

Bandeau. – Le disque ailé. – Jambages. – Coupés, puis repeints. Extérieur. – Rien de visible que des restes de lignes peintes. Milieu. – Déesse ailée sur un Tat entouré de deux Ti, pareille à celle de droite; à droite, Meresekar:

(Champollion, Mon. III, 235, 1). – Légende de Setnekht.

Paroi gauche.

Partie du chapitre 145 du Livre des Morts, c. à. d.: dans une porte; Sekhen ur, à face d'homme, dans une porte; , à tête de chat, dans une porte.

Paroi droite.

Partie du chapitre 145 du Livre des Morts, c. à. d.: lycocéphale dans une porte: ... ; le taurocéphale Tentina dans une porte; le cynocéphale:

dans une porte.

Entre chacune de ces portes représentées sur la paroi, les légendes de Setnekht ont été peintes, sans être gravées, et cela en surcharge.

Première Salle.

Porte.

Bandeau. — Le disque ailé. — Premiers jambages. — Coupés, puis repeints sous Setnekht, dont les noms ont été mis sur le plat du milieu. — Seconds jambages. Milieu. — A gauche, Hathor tournée vers l'entrée, et faisant ; à droite :

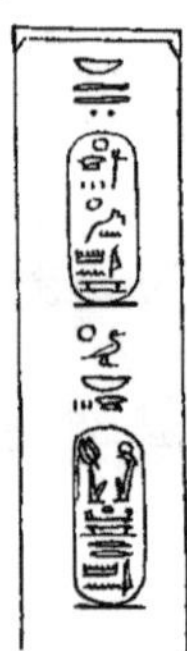

Paroi d'entrée.

A gauche et à droite, Osiris entre les deux peaux, regardant la porte.

Paroi gauche.

Mesta, Anubis, Tuaumatef, et Isis.

Paroi droite.

Hapi, Anubis, Kebsenuf et Nephthys.

Paroi du fond.

A gauche, un Anmatef étend la main vers la porte de la salle qui suit ; il a devant lui, en petit : , et à côté de lui : On voit que la 1ère colonne de texte a été coupée par la porte.

A droite, un Anmatef, bras pendants. Sa légende est, comme à gauche, coupée par la porte : la 1re colonne est la même qu'à gauche, et, de la 2e, il ne reste plus que le mot Osiris.

Seconde Salle.

Porte.

Bandeau. — Le disque ailé. — Premiers jambages. — Coupés. Milieu. — Cartouches de Setnekht, peints, des deux côtés. — Seconds jambages. Milieu. — Des deux côtés, un grand Tat.

Paroi d'entrée. Côté gauche.

Partie du chapitre 145 du Livre des Morts, c. à. d. : une porte.

Paroi gauche.

Partie du ch. 145, c. à. d. : le dieu de la porte précédente, Het'uau, détruit ; la porte de Nehesher : une porte.

Paroi d'entrée. Côté droit.

Partie du chapitre 145 du Livre des Morts, c. à. d. : une porte.

Paroi droite.

Partie du ch. 145, c. à. d. : le dieu de la porte précédente, Seteb, (Denkm. III, 206, a) ; un roi, sans cartouches, mais ne paraissant pas surchargé (partout ailleurs il y a le nom de Setnekht en surcharge), devant la porte du personnage à tête de . autre porte.

Paroi du fond. A partir de la gauche : dieu (à deux têtes) de la porte qui termine la paroi gauche ; cartouches de Setnekhts en surcharge sur un grand édicule long supportant un autel et un naos : dans le naos, Horus, devant un Osiris en gaîne blanche, fait face à Anubis devant un autre Osiris adossé au premier : derrière Anubis, un autel et les cartouches de Setnekht en surcharge ; dieu de la porte qui termine la paroi droite. ⟨⟩.

Descente.

Un uræus représenté sur chaque paroi.

Quatrième Corridor.

Porte.

Surmontée du tableau de la paroi du fond de la salle précédente.

Premiers jambages. Milieu. — Anubis et Isis à gauche, et à droite Anubis et Nephthys, comme au 3e Corridor de Séti 1er. — Seconds jambages. Milieu. — A gauche, Ma-t ailée sur les lotus, tournée vers l'entrée ; à droite, Ma-t sur les papyrus, tournée de même.

Parois gauche et droite.

Commencement et suite de l'Ap.-ro. — V. Planche 1, et Remarques.

Première chambre annexe.

Cette chambre s'ouvre dans la paroi gauche du corridor précédent (cf. Planche 1) : elle est petite et basse.

Paroi d'entrée.

A droite et à gauche, un Tat.

Paroi gauche.

Personnage royal, stuqué, regardant le fond ; autel d'offrandes ; personnage bras pendants, allant vers l'entrée ; Anubis ; personnage semblable au premier ; deux déesses, dont la première est Isis.

Paroi du fond.

Momie barbue sur un lit funèbre, entre deux déesses ; Anubis mettant les mains sur la momie ; sous le lit, quatre vases canopes et quatre coffrets ⊟. Description de l'Egypte, Antiq. II, 92, 3 ; Champollion, Mon. III, 234, 3 ; et Rosellini, II, 129, 2.

Paroi de droite.

Personnage royal, stuqué ; autel ; dieu à tête de singe, lycocéphale, hiéracocéphale, et deux déesses.

Cinquième Corridor.

Porte.

Bandeau :

Jambages. Milieu. — A gauche : à droite :

Le jambage de gauche a été coupé, et c'est sur le plat du milieu qu'on a peint le roi. Le personnage est de grandeur naturelle et cerné de noir: il est tourné vers le fond, tandisque Ma.t, sur le jambage opposé, regarde l'entrée.

Parois gauche et droite.

Suite du Livre de l'Ap.ro. — V. aux Remarques.

Troisième Salle.

Porte.

Bandeau. — Le disque ailé. — Premiers jambages. — Coupés. Milieu. — Des deux côtés, les cartouches peints de Setnekht. — Seconds jambages Milieu. — A gauche, Hathor devant un autel et regardant l'entrée; à droite, id.

Paroi d'entrée. Côté gauche.

Cartouches de Setnekht en surcharge sur la reine; autel d'offrandes.

Paroi gauche.

Harkhuti, et derrière lui Ma.t; cartouches de Setnekht en surcharge sur ceux de la reine et sans doute sur la reine elle même. Thothlune [hieroglyph]; cartouches de Setnekht, en surcharge; autel d'offrandes.

Paroi du fond. Côté gauche.

Ptah en naos tourné vers l'autel d'offrandes de la paroi précédente.

Paroi d'entrée. Côté droit.

Osiris tourné vers la porte, et assis dans un grand coffret [hieroglyph]; son siège est posé sur la coudée.

Bleu

Les quatre dieux des canopes, en gaîne, sont posés sur la fleur de la coudée.

Paroi droite.

Isis et Nephthys tournées vers l'Osiris de la paroi précédente, cartouches de Setnekht en surcharge sur la reine (qui offrait l'huile); Horus fils d'Osiris; Seb; cartouches de Setnekht peints en surcharge; autel d'offrandes.

Paroi du fond. Côté droit.

Ptah en naos, entouré des ailes de Ma-t, et tourné vers l'autel de la paroi précédente.

Quatrième Salle.

Porte.

Bandeau. — Le disque ailé. Premiers jambages. — Coupés, et rien sur le plat. Seconds jambages. Milieu. — A gauche, Ma-t ailée, tournée vers l'entrée, et accroupie sur ⌓ et sur le lotus; à droite, Ma-t semblable, sur le papyrus.

Paroi d'entrée. Côté gauche.

La 9e division du Livre de l'Enfer, qui contient les dieux relevant leurs têtes, la face du disque (cette face est ici dans le disque), et l'épervier aux deux uraeus, en trois registres.

Paroi gauche. Avant la voûte.

Fin de la division précédente. Cf. Lepsius, Denkm. III, 206, b.

Paroi gauche. Sous la voûte.

Planche 2. — Cf. Description de l'Egypte, Antiquités, II, 92, 11

Paroi gauche. Après la voûte.

Rien. A gauche et à droite, il n'y a plus de décoration après la voûte.

Paroi d'entrée. Côté droit.

Porte du serpent ⌒, qui appartient à la 9e division du Livre de l'Enfer ; fin de la 8e division du Livre de l'Enfer, qui a les âmes, les nageurs, le serpent Kheti, etc., en trois registres.

Paroi de droite. Avant la voûte.

Commencement de la 8e division du Livre de l'Enfer, qui finit à l'entrée.

Paroi de droite. Sous la voûte.

Planche 2. — Cf. Champollion, Mon. III, 261 ; et Rosellini, III, 70.

Paroi de droite. Après la voûte.

Rien.

Paroi du fond.

Rien, ni à droite ni à gauche. C'est dans cette paroi que s'ouvre la partie du tombeau appartenant en propre à Setnekht.

Soubassement.

Entourant la partie de la salle qui est sous la voûte, sauf au passage du milieu, comme dans le tombeau de Ramsès 3. — Côté d'entrée. A droite. — 4 coffrets, 1 vase, 1 Anubis sur l'enseigne, et 5 coffrets. — Côté de droite. — , , , , 3 coffrets, le premier avec un pain dedans, le second avec, et le troisième avec ; 3 fauteuils, 1 Cat, et 2 lits. — Côté du fond. A droite. — 8 vases divers, 3 coffrets, et 3 miroirs.

Côté du fond. A gauche. — 3 vases, 1 petit autel, 1 vase, 1 petit autel, 2 coffrets, 1, 1, 1, et 3 arcs. — Côté de gauche. — 6 flèches, 9 lances, 6 vases, 4 colliers sur des supports, 3 statues royales, celle du milieu à face rouge, et les deux autres à face verte :

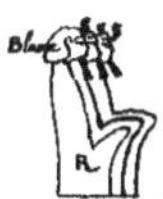

1 uræus, 1 oiseau aux ailes déployées, et 1 statue royale debout, les bras dégagés. — Côté d'entrée. A gauche. — 1 épervier accroupi, 1 statue royale à mitre et à lance , , 1 objet blanc mutilé , 1 , 1 , 1 , 1 , 2 , 1 vase, et 1 .

Cf. Description de l'Égypte, Antiq. II, 92; et Champollion, Mon. III, 235, 4, et Not. I, 457-8.

Piliers. — Avant la voûte.

Premier pilier de gauche. — Entrée. — Setnekht dessiné. — Gauche. — Thoth lune (disque rouge et cornes jaunes). — Fond. — Anubis. — Droite. — Osiris debout entre les deux peaux.

Second pilier de gauche. — Entrée. — Nefer Tum. — Gauche. — Hathor. — Fond. — Harsiésis. — Droite. — Setnekht dessiné.

Premier pilier de droite. — Entrée. — Setnekht dessiné. — Gauche. — Osiris entre les deux peaux. — Fond. — Anubis. — Droite. — Harkhuti hiéracocéphale.

Second pilier de droite. — Entrée. — Meh.ur.t à tête de vache. Champollion, Mon. III, 235, 2. — Gauche. — Setnekht dessiné. — Fond. — Seb avec l'oie sur la tête. — Droite. — Num criocéphale.

Piliers. — Après la voûte.

Premier pilier de gauche. — Entrée. — Rien. — Gauche. — Setnekht peint et sculpté. — Fond. — Nephthys. — Droite. — Ptah-Sakar-Osiris entre deux peaux.

Second pilier de gauche. — Entrée. — Anubis. — Gauche. — Un autel sculpté, mais non peint, et partie stuquée. — Fond. — Nit. — Droite. — Num crioréphale.

Premier pilier de droite. — Entrée. — Rien. — Gauche. — Ptah-Sakar-Osiris entre deux peaux. — Fond. — La déesse à tête de vache appelée.

Droite. — Tum neb ta-ui An, sans insignes.

Second pilier de droite. — Entrée. — Anubis. — Gauche. — Harsiesis, hiéracocéphale. — Fond. — Isis. — Droite. — Un hiéracocéphale esquissé au trait noir.

Voûte.

Très ruinée. Paraît avoir été tout à fait semblable à celle de la grande salle du tombeau de Séti 1er; cf. Séti 1er, IV, 36. Au milieu, la séparation ═══. Sur les côtés, le long défilé de personnages, qui est intact au tombeau de Séti 1er, se reconnaît encore, ici, mais très mutilé.

Chambres annexes.

Les petites chambres qui s'ouvrent dans chaque paroi de cette salle, avant et après la voûte, au nombre de quatre, sont ébauchées et nues.

II. Setnekht.

Sixième Corridor.

A gauche de ce corridor, qui commence à la paroi du fond de la dernière salle de Tauser, s'ouvre une chambre annexe ébauchée, ayant un pilier ; en face, c. à. d. dans la paroi droite du même corridor, s'ouvre une autre chambre annexe ébauchée, dont le pilier unique tient encore à la montagne.

Paroi gauche.

En trois registres, la 6e heure de l'Amtuat, qui finit, en haut, par trois coffres contenant le [illegible], l'aile et la tête.

Paroi droite.

La 9e heure de l'Amtuat, ayant l'Akhem-sek, l'Akhem-hapif, et la vache, le bélier et l'âme-sur [illegible] : les scènes et les textes commencent à la fin de la paroi, et reviennent vers l'entrée.

Septième Corridor.

Porte.

Jambages. Milieu. — A gauche, texte initial de l'heure de l'Amtuat qui suit sur la paroi gauche du même corridor ; à droite texte initial de l'heure de l'Amtuat qui précède sur la paroi droite du sixième corridor.

Paroi gauche.

La 7e heure de l'Amtuat, ayant Osiris sous Mehen, et

la déesse Serak attachant le serpent Apap, devant la barque de Ra.

Paroi droite.

En retour vers l'entrée, la 8e heure de l'Amtuat, avec les [hieroglyph], les quatre béliers, etc.

Cinquième Salle.

Porte.

Premiers jambages. Milieu. — A gauche, traces de la légende royale; à droite, le jambage est détruit, sauf en haut. — Seconds jambages. Milieu. — A gauche, reste de Ma-t ailée, regardant vers l'entrée; à droite, reste de Ma-t sur le lotus.

Paroi d'entrée. Côté gauche.

Commencement de la 11e division du Livre de l'Enfer, qui a les porteurs de disques et les porteurs d'étoiles.

Paroi gauche.

Avant la voûte. — 11e division du Livre de l'Enfer, avec le personnage

et la porte où sont les têtes de Tum et de Khepra [hieroglyph]; dans cette paroi, s'ouvre une chambre latérale vide. — Sous la voûte. — Rien. — Après la voûte. — Rien. Une chambre latérale, vide, s'ouvre là.

Paroi d'entrée. Côté droit.

La 8e division du Livre de l'Enfer, celle qui a les âmes et les baigneurs.

139.

Paroi droite.

Avant la voûte. – Rien. Une chambre latérale, vide, s'ouvre là. – Sous la voûte. – Rien. – Après la voûte. – Rien. Une chambre latérale, vide, s'ouvre là.

Paroi du fond.

A droite et à gauche, rien.

Piliers. – Avant la voûte.

Premier pilier de gauche. – Entrée. – Reste de dessins, indistincts. – Gauche. – Id. – Fond et droite. – Rien.

Second pilier de gauche. – Entrée. – Reste de Thoth tenant la palette. – Gauche. – Restes de dessins, indistincts. – Les 2 autres côtés, ruinés.

Premier pilier de droite. – Coupé très bas. – Entrée. – Trace de dessins indistincts. – Le reste, rien.

Second pilier de droite. – Coupé plus haut que le précédent. – Entrée et droite. – Trace de dessins indistincts. – Ailleurs, rien.

Piliers. – Après la voûte.

Premier pilier de gauche. – Presque rasé. – Second pilier de gauche. – Rien.
Premier pilier de droite. – Presque rasé. – Second pilier de droite. – Rien.

Soubassement.

Comme dans la grande salle de Tauser pour la disposition générale, mais non décoré.

Voûte.

Pareille à celle de la grande salle de Tauser, avec quelques traces de peintures : la séparation du milieu est encore apparente.

Sarcophage.

Les restes du sarcophage de Setnekht, qui sont dans la grande salle, montrent qu'il était en forme de [sign]. Au fond du couvercle, Isis. Sur le couvercle, le roi en relief, coiffé de [sign], assez bien conservé : il est renversé sur la face. A sa droite, une déesse Isis lui tient le bras : devant elle se dresse en haut un uræus à tête de femme, et en bas, un serpent. Le roi est couché sur la gauche, de sorte qu'on ne peut rien voir de ce côté. Le fond de la cuve existe, brisé en deux morceaux.

Huitième Corridor.

Ebauché et non décoré.

Remarques.

Champollion a copié dans ce tombeau le portrait de Tauser (Mon. III, 232, 1) et le portrait de Setnekht (Mon. III, 233, 2, et 234, 2); Rosellini y a copié un portrait de Tauser (I, 4, 16), un portrait de Setnekht (I, 7, 27), et un Setnekht en adoration (I, 17, 10; cf. Lepsius, Denkm. III, 206, a); Lepsius y a copié une tête de Setnekht, esquissée à l'encre noire (Denkm. III, 205).

Au 2e corridor, il y a dans la paroi gauche, en bas, un trou, petit et carré, et dans la paroi droite un trou formant carré long. Il en est de même au 3e corridor, vers la fin, assez bas aussi. A la fin du 5e corridor, il y a un trou oblong à gauche, et un trou carré à droite, à une hauteur moyenne des deux côtés.

Le fond de la partie peinte de la grande salle de Tauser est jaune.

L'Ap-ro de Tauser. — Dans la partie du Livre de l'Ap-ro qui se trouve aux 4e et 5e corridors de Tauser, le texte et les scènes débutent au commencement des parois de gauche pour venir au commencement des parois de droite, de sorte que la fin de la partie du Livre qui est dans l'hypogée se trouve au commencement de la paroi droite du 5e corridor. Pour le reste, les textes et les scènes sont disposés comme au tombeau de Séti 1er, avec quelques différences qui seront signalées plus loin. — Le 4e corridor a les colonnes 1, 13-22 de Séti 1er sur sa paroi gauche: les col. 23-55 sont sur la paroi droite; le 5e corridor a les col. 56-83 à gauche, et à droite les col. 84-105. — Les textes des trois premières scènes (col. 2-12) manquent, la porte de la chambre annexe du 4e corridor occupant leur place. — Il n'y a pas de niches au 5e corridor. — Le bas des parois est en assez mauvais état, moins toutefois que dans Ramsès 3 au 4e corridor.

1.— Texte des colonnes.

Pl. II (de Séti 1er, Troisième Partie).

col. 15, et ailleurs, excepté colonne 19,
[illegible] au lieu de [illegible]

col. 16. [illegible] " [illegible]

col. 20. [illegible] " [illegible]

col. 24. [illegible] au lieu de [illegible]

id. [illegible] " [illegible]

col. 25. [illegible] " [illegible]

Pl. III.

col. 34. [illegible] " [illegible]

col. 41 [illegible] " [illegible]

col. 41, en bas : (il n'y a rien dans Séti 1er).

col. 43, en bas.

col. 48 et 49. au lieu des 2 col. de Séti 1er.

col. 50. au lieu de

col. 53. "

col. 54. "

col. 54 et 55, en bas :

Les cartouches de Setnekht sont ici gravés, par exception. Le bas des col. détruit.

col. 56. Vide.

Entre les col. 57 et 58 :

(col. intercalée, comme dans Ramsès 3).

col. 59. au lieu de

col. 60. Il reste des titres de Tauser.

Pl. IV.

col. 62. , et , au lieu du 1er et des deux derniers .

col. 63. au lieu de

col. 65. "

col. 68. "

col. 69. "

col. 72. "

id. en bas. "

Pl. V.

col. 75. "

col. 76. "

col. 77. Cette colonne n'existe pas ; son texte avait été inséré sous celui de la col. 78 ; il n'en reste que .

Pl. VI.

col. 86. au lieu de

col. 88. "

Cette colonne a été dédoublée dans Tauser, comme la col. 100, par ex.

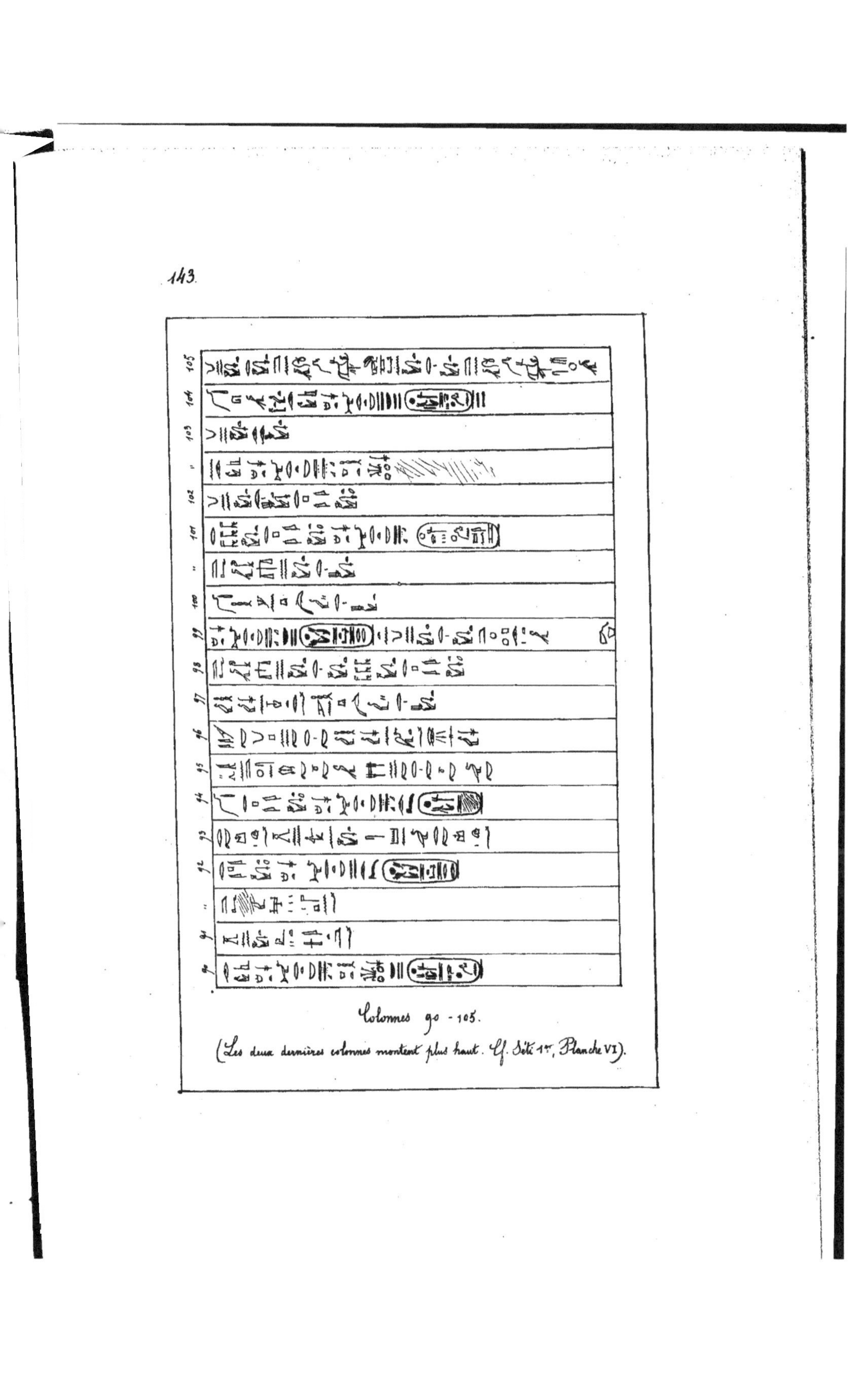

Colonnes 90 - 105.

(Les deux dernières colonnes montent plus haut. Cf. Séti 1er, Planche VI).

2. – Texte des scènes.

Pl. II.

Scène 5. [hiéroglyphes] au lieu de [hiéroglyphes]

Scène 7. [hiéroglyphes] " [hiéroglyphes]

Pl. III.

Scène 12. [hiéroglyphes] " [hiéroglyphes]

Pl. IV.

Scène 13. [hiéroglyphes] " [hiéroglyphes]

Scène 14. [hiéroglyphes] " [hiéroglyphes]

Scène 15. [hiéroglyphes] au lieu de [hiéroglyphes]

Scène 16. Il manque [hiéroglyphes].

Pl. V.

Scène 18. [hiéroglyphes] au lieu de [hiéroglyphes]

Scène 20. Il manque [hiéroglyphes].

Pl. VI.

Scène 22. [hiéroglyphes] au lieu de [hiéroglyphes]
et [hiéroglyphes] " [hiéroglyphes]

---

3. – Scènes.

Il y a une scène de moins que dans Séti 1er ; c'est celle qui manque aussi dans Ramsès 3, la 19e : il n'y a donc ici que 23 scènes au lieu des 24 de Séti 1er.

Scène 4. – La boule que tient le Sem est jaune, à la scène 5 elle est verte.

Scène 5. – Il reste le haut de la couronne de la statue de la reine :

Les boutons sont jaunes à tige verte. – Partout ailleurs, sauf à la scène 11, la statue de la reine est stuquée, et l'un des cartouches de Setnekht est peint en noir sur le stuc.

Scène 9. – Le [hiéroglyphes] tient la palette.

Scène 10. – Le Sem est représenté ainsi, sur son support : son manteau est jaune à raies rouges, et son support est blanc, avec un cadre noir, excepté dans le bas.

145.

Scène 11. — La statue royale n'a pas été stuquée. Il manque derrière un des trois personnages qui y sont dans Séti 1er. Voici cette scène:

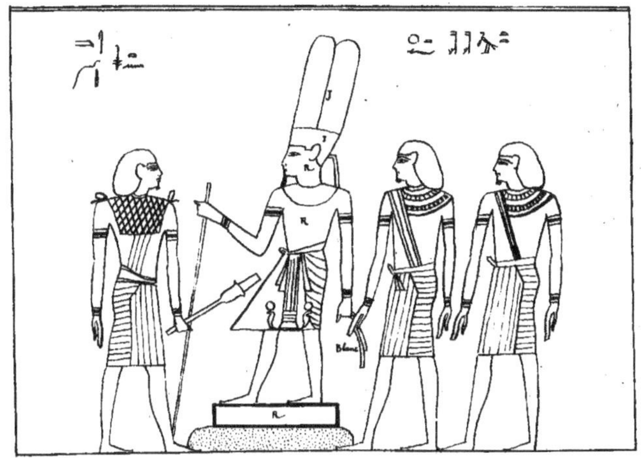

Scènes 23 et 24. — Aucun des personnages n'a la peau de panthère: tous portent le costume ordinaire.

N°. XV.

Séti 2.

Champollion, Notices, I, 459-463 et 808.

Porte.

Bandeau. — La montagne solaire, avec le disque qui contient le scarabée et le crioéphale. A la gauche du spectateur Isis, et à sa droite Nephthys, agenouillées, et adorant le disque. Derrière Isis, on lit :

Harkhuti dit : je te donne le siège de ton père, ô roi (suivent les cartouches).

Derrière Nephthys, on lit :

Osiris dit : je te donne une place dans la Kharneter, ô roi (suivent les cartouches).

Les cartouches sont ici en surcharge sur d'autres, comme aux jambages.

147.

Voici, indiquées en traits plus accentués, les traces des premiers cartouches dans les nouveaux, à gauche et à droite :

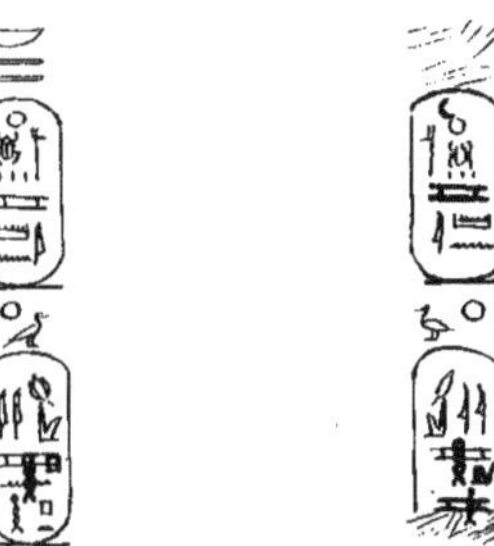

Premiers jambages. Extérieur. — A gauche, légende du roi, dont la devise d'enseigne est ; à droite, légende du roi. Milieu. — A gauche, le jambage est coupé ; à droite, légende du roi, et coupure en bas. — Seconds jambages. Milieu. — A gauche, Ma·t sur les papyrus, et cartouches du roi en surcharge sur d'autres ; à droite, Ma·t sur les lotus, et cartouches du roi en surcharge sur d'autres.

Premier Corridor.

Paroi gauche.

Le roi et sous le disque ailé (cf. Champollion, 459 et 808). — Le roi offrant à Nefertum (Denkm. III, 204, c). — Le titre de la Litanie du Soleil. — Le disque contenant le scarabée et le criocéphale, entre le serpent et le crocodile. — Le commencement de la Litanie du Soleil (Denkm. III, 203, b, c, et 204, a). — Presque toute la partie de la Litanie qui se trouve dans ce tombeau est publiée dans Naville, la Litanie du Soleil, Planches, 24-33.

Paroi droite.

Le roi et [hiéroglyphe] sous le disque ailé (cf. Champollion, 460). — Le roi offrant Ma-t à Sakri (Champollion, 460, et Mon. III, 252 bis, 4; Rosellini, I, 17, 9). — Fin de la partie de la Litanie qui se trouve dans ce tombeau. La fin de la paroi droite est décorée seulement à l'encre rouge.

Plafond. — Vautours alternant avec le nom du roi, et des deux côtés, discours d'Osiris (cf. Champollion, 461). Le plafond est seulement ébauché. L'esquisse, à l'encre rouge, n'est pas peinte, au commencement.

Second Corridor.

Porte.

Bandeau. — Esquisse en rouge du disque ailé. — Premiers jambages. Extérieur. — A gauche, partie de la Litanie sculptée et peinte (ce jambage est coupé en partie); à droite, traces de la Litanie en rouge (ce jambage est coupé vers la moitié de sa hauteur). Milieu. — A gauche et à droite, traces de la Litanie, en rouge. — Seconds jambages. Milieu. — A droite et à gauche, partie de la Litanie.

Paroi gauche.

Le roi, dont une entaille coupe le corps, offre Ma-t à [hiéroglyphe]. — La paroi est ensuite divisée en deux registres. Registre supérieur. — Série de personnages de la Litanie du Soleil. Registre inférieur. —

[texte hiéroglyphique] C'est le texte initial de la 3e heure de l'Amtuat.

— Après ce texte, vient en trois registres la 2e heure de l'Amtuat; il y a

Paroi droite.

Le roi devant un dieu à pschent. La paroi est divisée ensuite en deux registres. Registre supérieur. — Série de personnages de la Litanie du Soleil. Registre inférieur. —

C'est le texte initial de la 4e heure de l'Amtuat.

— Après ce texte vient, en trois registres, la 3e heure de l'Amtuat, avec:

Plafond. — Le plafond a, peint en partie (bleu sur fond jaune), le texte de la Litanie qui se trouve dans plusieurs tombeaux à cette place, et dont chaque colonne correspond, comme largeur, à un des personnages de la Litanie représentés sur les parois : en tête, Isis et Nephthys, en éperviers, autour d'un disque rouge où est un épervier criocéphale.

Troisième Corridor.

Porte.

Bandeau. — Esquisse du disque ailé. — Premiers jambages. Extérieur. —

A droite et à gauche, légendes du roi. — Milieu. — Id. — Seconds jambages. Milieu. — A droite et à gauche, le roi se dirigeant vers le fond; il est coiffé ainsi .

Paroi gauche.

Esquisse (seulement des figures) de la 4e heure de l'Amtuat, où il y a:

Paroi droite.

Esquisse des figures de la 5e heure de l'Amtuat, qui a: en haut, (ce qui est ici à la fin de la paroi, en haut): ensuite, au milieu,

et enfin, en bas (ce qui est ici au début de la paroi, en bas).

A la fin de ce corridor, il y a, à droite et à gauche, deux petites niches.

Première Salle.

Paroi d'entrée. Côté gauche.

Paroi gauche. — Deux rangées de représentations.

Rangée supérieure. — Roi mitré, épervier accroupi, tête de taureau et serpent ailé, dans des coffrets. Rangée inférieure. — Epervier accroupi, oiseau, porteur de statue, et Ka sur un support, dans des coffrets.

Paroi d'entrée. Côté droit.

Dessous, id..

Paroi droite. — Deux rangées de représentations.

Rangée supérieure — Epervier accroupi, crocodile, roi mitré sur un lion, dans des coffrets, et roi mitré. Rangée inférieure — Id.

Paroi du fond.

A gauche, un chacal sur un édicule et sous deux Tat; sous l'édicule, Isis et Nephthys et deux flambeaux. A droite, un chacal sur un édicule et sous deux Tat; sous l'édicule:

Pour les représentations de cette salle, cf. Champollion, p. 461 et 462.

Seconde Salle.

Paroi d'entrée. Côté gauche.

Commencement de la 4e division du Livre de l'Enfer, celle des Hennu.

Paroi gauche.

Suite de la division précédente (le serpent Nenut'i, le serpent Neteru, et les quatre races). Cf. pour les quatre races, Lepsius, Denk. III, 204. b.

Paroi d'entrée. Côté droit.

Commencement de la 5e division du Livre de l'Enfer, celle des porteurs de bâtons, des momies sur le serpent, et de la momie Aken.

Paroi droite.

Suite de la 5e division du Livre de l'Enfer, celle de la paroi précédente.

Paroi du fond.

A gauche, fin de la 4e division du Livre de l'Enfer, et à droite, fin de la 5e division du même Livre. Au milieu, au dessus de la descente, à gauche, le roi devant un Osiris, et, à droite, le roi devant un autre Osiris adossé au premier.

Piliers.

Premier pilier de gauche.— Entrée.— Ptah dans un naos.— Gauche.— Le roi.— Fond.— Anubis.— Droite.— Ptah. Osiris.

Second pilier de gauche.— Entrée.— L'Aumatef.— Gauche.— Seb.— Fond.— Un Tat personnifié (non peint).— Droite.— Nefer-Tum.

Premier pilier de droite.— Entrée.— Ptah.— Gauche.— Harkhuti.— Fond.— Anubis.— Droite.— Le roi tenant un vase d'encens.

Second pilier de droite.— Entrée.— Le roi.— Gauche.— Harsiesis à tête d'épervier.— Fond.— Un Tat personnifié (non peint).— Droite.— Shu.

Quatrième Corridor.

Paroi gauche. En deux registres.

Premier registre.— Un chacal sur un édicule, un personnage à tête d'homme, un crocodilocéphale, un léontocéphale, une femme, une momie à tête d'épervier, une momie à tête humaine.

Second registre.— Sous le chacal du registre précédent, représentation effacée, personnage à tête d'homme, représentation effacée, femme dont il ne reste que la tête, Thoth, Shu, ⲧ▫ⲧ (Hapti), et Serek.

153.

Paroi droite. En trois registres.

Premier registre. — Un chacal sur un édicule, tourné vers l'entrée comme le chacal de la paroi gauche, et six momies.

Second registre. — Reste d'édicule, chacal, reste de [dessin], id., reste de momie, cartouche du roi, momie coiffée de plumes d'autruche, cartouche, représentation effacée, et reste de deux momies.

Troisième registre. — A la fin de la paroi, reste d'un serpent : les autres représentations sont effacées.

Plafond. — Déesse aux pieds tournés vers l'entrée, et aux ailes abaissées.

Sarcophage.

Restes du couvercle en deux morceaux, buste et pieds. Le buste a sous les bras l'épervier criocéphale aux ailes étendues, et le cartouche Rauserkheperumeramen. Aux pieds, les cartouches. A partir des pieds, deux serpents de chaque côté, en tout quatre, se dressaient au long du roi. Le couvercle avait la forme ⊂⊐.

Remarques.

Champollion a copié un portrait du roi dans ce tombeau (Mon. III, 252 bis, 3), et Rosellini aussi (I, 7, 26).

Situé à côté de celui de Tauser, l'hypogée de Séti 2 s'ouvre de même, comme une porte, dans la paroi dressée de la montagne. Il est plein de pierres, à l'entrée. Parmi ces pierres, on remarque plusieurs blocs sculptés, soit dans le tombeau même, soit à l'entrée, un peu en dehors.

Dans le tombeau. — Bloc avec hiéroglyphes sculptés et peints, sur un fond blanc. Le bloc est poli sur un des côtés, et par derrière:

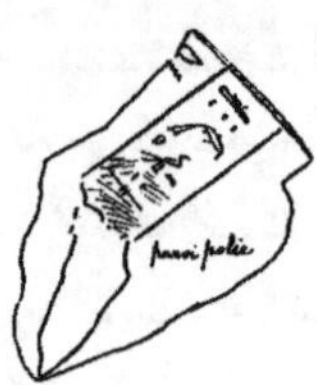

Hors du tombeau. A l'entrée. — 1. — Sur ce bloc, l'objet qu'on voit à côté des lettres est une partie de vêtement, laquelle est sculptée, comme les lettres :

2. — Fragment d'une jambe de grandeur naturelle, sculptée sur un fond poli :

3. — Bloc en beau calcaire blanc et tendre, avec hiéroglyphes en creux, peints en bleu, et cartouche (d'Amenmisès) peint en jaune. Un silex est engagé dans la pâte du calcaire. Les deux parties de la pierre où sont les inscriptions se joignent à angle droit, de sorte que l'un des textes se présente horizontalement, l'autre verticalement. Cette disposition montre que le bloc n'appartient pas à une paroi de tombeaux, d'autant plus que les hiéroglyphes peints sur les parois des hypogées royaux ne sont jamais d'une nuance uniforme. Peut-être faut-il voir là un frag-

ment du sarcophage d'Amenmésès, roi qui fut traité comme un usurpateur et probablement dépossédé de son tombeau :

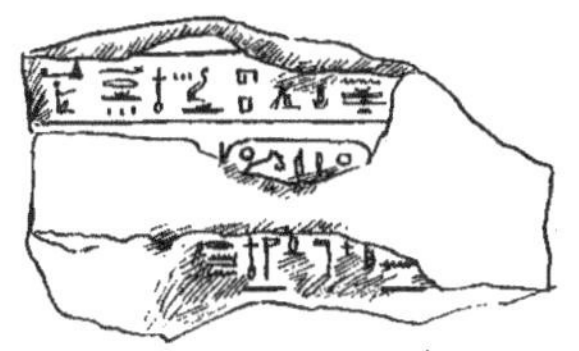

Plan du tombeau de Séti 2.

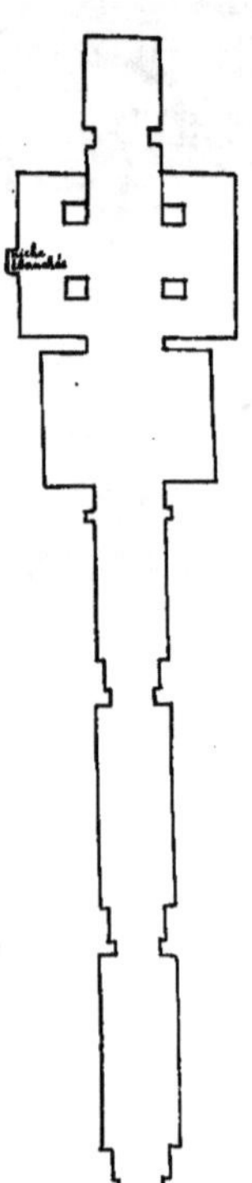

(Cf. Description de l'Egypte, Antiq. II, 79, 15 et 16. Plan et coupe).

N.° XVI.

Ramsès 1.er

Champollion, Notices, I, 424-426.

L'entrée de ce tombeau s'ouvre à une assez grande profondeur, comme celle du tombeau de Séti 1.er, mais elle est aujourd'hui enfouie, et l'hypogée n'est plus accessible; Champollion l'a décrit et en a donné le plan, dans ses Notices; la décoration se trouve reproduite dans les tableaux de l'escalier du Musée égyptien, au Louvre (cf. de Rougé, Notice sommaire des monuments égyptiens, 4.e édition, p. 54); de plus, quelques parties en figurent dans les grandes publications égyptologiques.

Premier et second Corridors.

Non décorés; le second est taillé en escalier très-rapide (Champollion, 425).

Salle.

La décoration de cette salle n'est pas sculptée: ce sont des peintures sur fond gris.

Paroi d'entrée.

A gauche, Ma-t debout et tournée vers la porte; le roi devant Ptah ayant derrière lui le Tat (Escalier du Louvre). — A droite, Ma-t debout et tournée vers la porte ; le roi devant Nefer-Tum coiffé du papyrus, et ayant derrière lui son emblème (Escalier du Louvre).

Paroi gauche.

Le roi entre Horus et Anubis (Escalier du Louvre ; et Champollion, Mon. III, 237, 1). — Au-dessus de la porte latérale qui donne accès dans la chambre annexe de gauche, battant de porte du serpent Djetbi (3.e division du Livre de l'Enfer) ; sur le reste de la paroi, 3.e division du Livre de l'Enfer (Escalier du Louvre).

Paroi droite.

Battant de porte du serpent Akebi (de la 2.e division du Livre de l'Enfer), et 2.e division du Livre de l'Enfer (Escalier du Louvre).

Paroi du fond.

A partir de la gauche. — Dans une niche basse, un Osiris debout dans un naos entre un crioréphale et l'uræus Nesir-t, scène qui appartient (moins le crioréphale) à la 3.e division du Livre de l'Enfer (Escalier du Louvre). — Sur la paroi : le roi offrant le petit coffret meret, surmonté de deux plumes d'autruche, à Tum-Ra-Khepri cantharocéphale ; le roi amené devant Osiris assis par Harsiésis qui le précède en lui donnant la main, et par Tum qui le suit en lui donnant la main ; Tum tient aussi par la main la déesse Nit, qui ferme la marche : le siège d'Osiris repose sur la coudée, et devant Osiris, sur la coudée aussi, un petit Anmatef adresse la parole au roi (Escalier du Louvre ;

159.

Champollion, Mon. III, 236, 3 ; et Lepsius, Denkmaeler, III, 123, a).

Sarcophage.

En granit rose, de cinq pieds de haut, et sans couvercle. Figures de divinités, et légendes peintes en jaune sur fond rouge. Le Dr Lepsius a publié une partie de ce sarcophage, c. à d. une Isis ailée sur le signe de l'or (cf. sarcophage de Ramsès 3, aux pieds), et une représentation du dieu Thoth qui fait partie du chapitre 161 du Livre des Morts (Denkm. III, 123, c et d).

Remarques.

Il y a dans Champollion (Mon. III, 236, 1 et 2), et dans Rosellini (I, 5, 17, et 17, 7), une tête du roi et le roi en pied, copiés dans le tombeau.

Un cercueil à enduit jaune avait contenu la momie de Ramsès 1er dans la cachette de Deir el Bahari : il porte le prénom du roi en surcharge sur le nom du premier occupant, qui était une femme. Le cercueil est en morceaux, à l'exception du couvercle. Sur un morceau de bois ayant fait partie d'un second cercueil, un texte hiératique mentionne le déplacement de la momie royale. Celle ci n'a pas été retrouvée dans la cachette (Cf. G. Maspero et E. Brugsch, la Trouvaille de Deir-el-Bahari, p. 13).

Plan du tombeau de Ramsès 1er

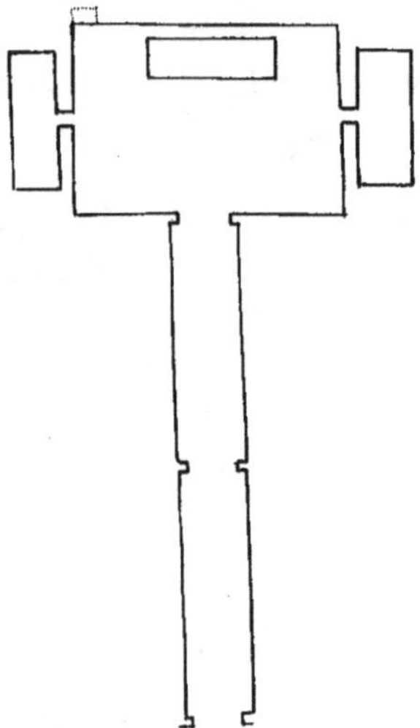

(D'après Champollion, Notices, I, page 425).

N°. XVII.

Séti 1er (V. Première Division).

N°. XVIII.

Ramsès 10.

162.

Le bandeau de la porte d'entrée, très mutilé aujourd'hui, comme on peut le voir à la page précédente, était intact lorsqu'il a été copié par Champollion (Mon. III, 271), et par Rosellini (III, 65). Il était déjà en mauvais état du temps de Lepsius, qui l'a copié aussi (Denkm. III, 239, b). Rosellini a publié un portrait du pharaon (I, 9, 34), qui vient de ce bandeau.

Premier Corridor.

Paroi gauche.

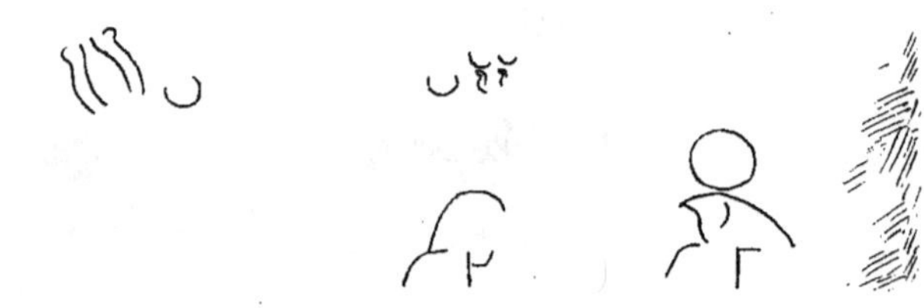

Paroi droite.

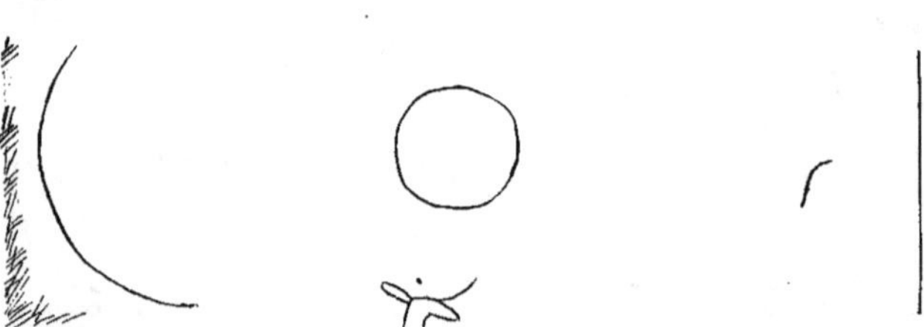

Après ces traces de représentations, il n'y a plus rien de visible sur les parois.

Plafond. — Le plafond a deux parties, dont la première, celle qui se trouve à l'entrée, plus haute que la seconde. Aucun vestige de décoration, non plus qu'au second corridor.

Plan du tombeau de Ramsès 10.

N°. XIX.

Le prince Ramsèsmentuherkhepeshef.

Champollion, Notices. I, 463-465 et 808-811.

Cette tombe est remplie d'éclats de pierres dont un énorme amas obstrue l'entrée : on descend de là pour gravir un nouveau tas qui remplit le corridor. Ce second tas a été déplacé depuis Champollion, qui n'a pas vu les premiers tableaux de chaque paroi, tandisqu'aujourd'hui, ce sont les deuxièmes tableaux qui sont cachés.

Rien n'est gravé. Les hiéroglyphes des jambages sont peints en noir: ceux du corridor sont peints en bleu dans des colonnes à fond jaune. Les parois de la salle n'ont pas d'inscriptions et n'ont pas même été polies : cette salle était peut-être un puits.

Porte.

Jambages. Milieu. — Planche 1.

Corridor.

Paroi gauche. — Planches 2 et 3.

Voici la description de cette paroi, avec l'indication entre parenthèses des parties visibles au temps de Champollion et cachées aujourd'hui. Porte peinte sur la paroi, avec le chapitre 139 du Livre des Morts en hiératique. — Ensuite, sous un long ciel bleu : le prince devant Osiris, — (devant Khons, Champ. 464 et 809), — devant Bast (il offre l'huile, Champ. 464 et 809), — devant Amset, auquel il offre une bandelette et deux autels chargés de fruits, de fleurs et de pains (cf. Champ. 809), — devant Kebsenuf, (il offre du parfum, Champ. 464 et 810, et Lepsius, Denkm. III, 217, a), — devant Ammon-Ra, (il offre la cuisse de bœuf, Champ. 464 et 810, et Rosellini, I, 18, 17). Dans cette dernière scène, il y a sur le pectoral du dieu, d'après Champollion, un cœur entre deux disques rayonnant audessus d'une montagne.

Paroi droite. — Planches 4, 5 et 6.

Voici, comme pour la paroi gauche, la description de la paroi droite. Porte peinte, sur la paroi, avec le même texte hiératique qui se trouve sur la porte peinte du 3e corridor, paroi droite, au tombeau de Ramsès 9, et deux autres petites lignes en hiératique. — Ensuite, sous un ciel bleu : le prince devant Ptah, — (devant le dieu criocéphale Ba neb Tattu, Champ. 464), — devant Anubis, — devant Tuaumatef, — devant la déesse Merseker (il offre l'encens, Champ. 465, et 810-11, et Lepsius, Denkm. III, 217, b), — et devant Sekhet, (il fait une libation, Champ. 465 et 811).

Remarques.

Lepsius a publié les titres de Ramsèsmentuherkhepeshef (Denkm. III, 217, c, d). Le portrait du prince est dans Rosellini (I, 15, 62), dans

Lepsius (Denkm. III, 216), et dans Prisse d'Avennes (L'art égyptien, peinture, portrait du prince Mantouhichopchf, fils de Ramsès Méiamoun).

Le prince, qui était un aîné, n'était pas le fils de Ramsès 3, comme l'ont cru Lepsius, Prisse d'Avennes, etc. L'analogie qui existe entre les portes peintes, le stuc, les hiéroglyphes, les profils sémitiques, etc., de son tombeau et ceux du tombeau de Ramsès 9, paraît indiquer que le prince vivait vers la fin de la 20e dynastie. Quelques débris de sa momie, qui avait la couleur du parchemin, selon Prisse d'Avennes (l'Art égyptien, Texte, p. 426), ont été trouvés par Champollion (Notices, I, 465) dans le tombeau, où de nombreux fragments de pierre noire semblent bien être les débris du sarcophage.

Dans les planches, les hachures n'indiquent pas des parties détruites, mais seulement des parties cachées, comme par exemple le bas des jambages de la porte, dont le désensablement serait assez difficile, surtout à droite.

Plan du tombeau du prince Ramsèsmentuherkhepeshef.

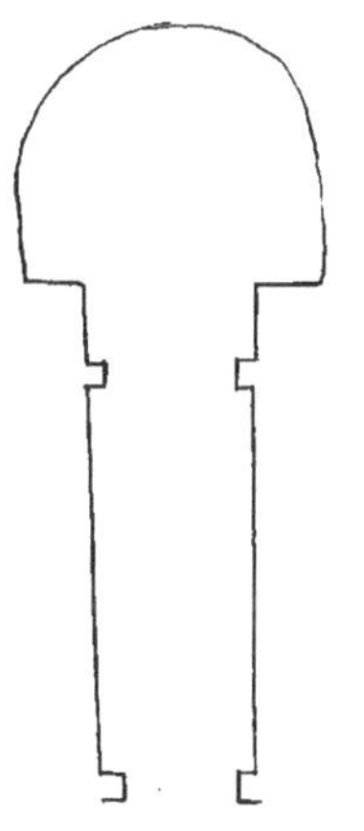

N° XX.

(Anonyme).

Situé un peu au-dessus du N° 19, à gauche. Il s'ouvre dans la paroi même de la montagne. On lit à l'entrée, à gauche, à l'encre rouge:

CH. N. GORDON. 1804.

Cela ne veut pas dire que cette excavation ait été découverte par Gordon, car elle était connue des membres de la Commission d'Égypte; elle figure sur leur plan de la Vallée des Rois (Description de l'Ég. Antiq. II, 77). Elle s'enfonce dans la montagne en pente rapide, et décrit un grand demi-cercle. Il y a, dans toute la partie accessible aujourd'hui, une sorte d'escalier: cette partie ne va pas plus loin que le premier corridor, après quoi la terre et les pierres empêchent d'avancer.

Lepsius a fait déblayer l'hypogée jusqu'à une assez grande profondeur, sans aller toutefois jusqu'au bout, et en a publié le plan et la coupe.

Les dimensions en longueur de cette excavation font penser à un souterrain plutôt qu'à un tombeau : son 1.er corridor a 27.m 10 de longueur, son second 18.m 90, et son 3.e 20.m dans sa partie mesurée par Lepsius, tandisque la largeur de ces corridors n'est que de 1.m 35 à 2.m 05, et leur hauteur d'environ 2.m ; la salle (dont le puits a 4.m 40 de profondeur jusqu'au plafond du 3.e corridor), n'a que 4.m 33 de long sur 4.m 28 de large et 2.m 36 de haut.

Toutefois, c'est seulement par sa longueur que le N.o 20 diffère sensiblement des tombes royales. Il a à l'entrée, comme plusieurs d'entre elles, une partie du plafond plus élevée ; il a aussi, dans les parois de ce corridor, trois entailles comme on en voit dans les autres hypogées ; enfin, le puits de sa 1.ère salle rappelle tout à fait celui des premières salles de Séti 1.er et d'Aménophis 3.

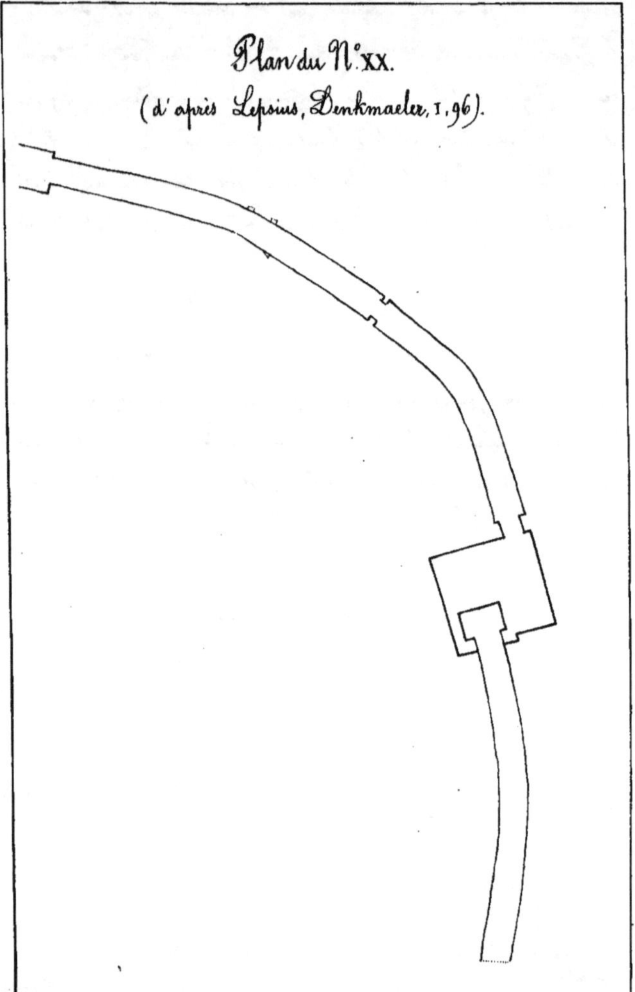

Plan du N° XX.
(d'après Lepsius, Denkmaeler, I, 96).

N° XXI.

(Anonyme).

Enfoui, même à l'entrée : les pierres amenées par les eaux occupent la moitié de la porte. Cet hypogée est situé à droite, en allant vers le N° 19, et tout à côté des deux hypogées sans numéros dont le plan sera donné au dernier chapitre (graffiti et excavations diverses). A l'endroit où se trouve le N° 21, Belzoni indique sur son plan, comme découverte par lui, une tombe dont il donne en petit l'esquisse suivante :

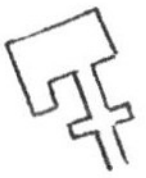

Il est très probable que c'est là le N° 21, non ensablé ou déblayé par Belzoni.

Tombeau d'Aménophis 3.

Cette notice est un simple extrait de renseignements déjà publiés par différents auteurs.

La décoration du tombeau, peinte sur un stuc fragile, a presque complètement disparu avec le stuc lui-même : il subsiste seulement, à la fin, quelques scènes du roi abordant les dieux, et quelques passages d'un exemplaire jadis complet de l'Amtuat, écrit en hiératique (Champollion, Lettres écrites d'Egypte et de Nubie, 13e Lettre).

Champollion a fait copier là deux tableaux : dans le premier tableau, le roi suivi de son Ka qui lui met la main sur l'épaule, et qui a sur la tête le nom d'enseigne, se tient devant la déesse Nu-t, qui lui donne l'eau coulant de ses deux mains (Mon. III, 232, 3); dans le second tableau, le roi suivi par un personnage en Nil qui tient une table chargée de lotus et de différents objets, verse avec deux vases quatre filets d'eau dans deux récipients soutenus par l'hiéroglyphe de la vie, doué de bras, devant Ammon, neb-nes ta-ui, et Amon-t, l'habitante de Karnak (Champ. Mon. III, 232, 4).

173.

Le Dr. Lepsius a publié un tableau du roi suivi de son Ka, et embrassé par Hathor ; un tableau du roi devant Hathor, sous le ciel, et dans un cadre surmonté des ornements ; et un des passages de l'Amtuat (3e heure), qui subsistent dans la salle du sarcophage (Denkm. III, 78, e, f. et 79, b).

M. M. Jollois et Devilliers, membres de la Commission d'Egypte, qui ont découvert ce tombeau en 1799, ont remarqué la présence d'écriture hiératique dans la 2e salle (à 2 piliers), et l'existence du couvercle du sarcophage, en granit rouge, dans la salle sépulcrale : ils ont trouvé dans cette dernière partie du tombeau plusieurs fragments de statuettes funéraires qui sont publiés dans la Description de l'Egypte (Descriptions, Antiq. t. III, 193, et t. X, 218, et Antiq. Planches, t. II, 80-1). La première salle du tombeau est creusée en forme de puits.

Le portrait d'Aménophis 3, copié dans son tombeau, se trouve dans Champollion (Mon. III, 232, 1 et 2), dans Rosellini (I, 3, 12), et dans Lepsius (Denkm. III, 70, c).

Plan du tombeau d'Aminophis 3.

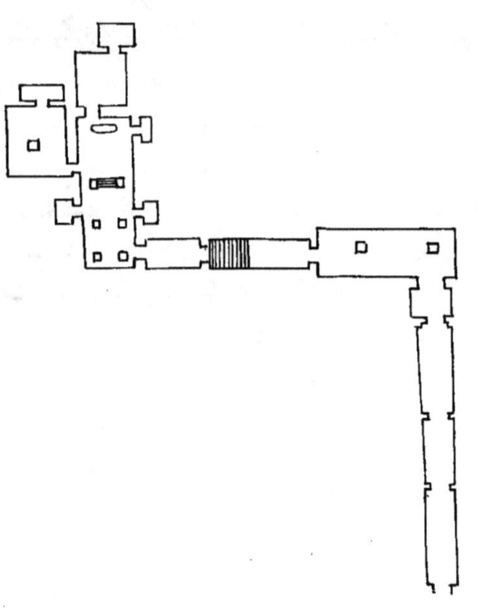

(d'après la Description de l'Egypte, Antiq. II, 79, 5).

Tombeau d'Aï.

Cette notice est, comme celle d'Aménophis 3, un simple résumé des renseignements déjà publiés.

Le tombeau d'Aï, découvert en 1816 par G. Belzoni (Narrative of the operations, p. 123), consiste, dit Nestor L'hôte, « en un corridor en pente rapide formé de deux rampes et de deux escaliers qui se terminent par un petit vestibule d'où l'on entre dans une salle carrée au milieu de laquelle est le sarcophage du roi : une autre pièce vient après celle-ci, mais elle n'est comme le couloir d'entrée que dégrossie, et les alluvions l'ont comblée jusqu'à un mètre environ du plafond » (Lettres écrites d'Egypte en 1838 et 1839, p. 4).

Voici, d'après N. L'hôte (p. 4-10) et Prisse d'Avennes (L'art égyptien, texte, p. 351 et Revue archéologique, 1845, p. 457-474), quelle est la décoration de ce tombeau, qui est peint sur enduit et non sculpté, comme celui d'Aménophis 3.

Salle du sarcophage.

Paroi d'entrée. — Le roi chassant aux oiseaux, dans un tableau, et arrachant des lotus, dans un autre, avec la reine (Ëii) derrière lui (Lepsius, Denkm. III, 113, c). Dans un 3e tableau, le roi, détruit, tenant un harpon, avec la reine derrière lui.

Paroi du fond. — Osiris, devant lequel Aï, suivi de son ka à nom d'enseigne sur la tête, est amené par Ma.t d'un côté et par Hathor de l'autre. Le portrait du ka est publié dans Champollion (Mon. III, 273, 2). Au dessus de la porte, les 4 génies des canopes, à forme humaine, assis deux à deux de chaque côté d'une table d'offrandes. Dans un autre tableau, le roi, suivi de son ka, se tient devant Nu.t qui a l'uræus au front et qui lui verse l'eau de ses mains (Lepsius, Denkm. III, 113, a).

Paroi gauche. — Barque portant Ra et son cortège, et barque portant deux éperviers; dessous, texte en 49 colonnes.

Paroi droite. — Divinités en marche; barque portant un scarabée; 12 singes accroupis dans un tableau (1ère heure de l'Amtuat. Denk. III, 113 b).

Sarcophage. — En granit rouge, taillé en forme de naos à corniche, avec le globe ailé sous la corniche aux deux façades, et aux 4 angles 4 déesses étendant leurs ailes, Nit, Serek. Nephthys et probablement Isis. Le sarcophage a été brisé. Lepsius en a publié l'esquisse, avec les lignes de texte qui l'encadrent en haut et sur les côtés (Denkm. III, 113, g); Prisse d'Avennes (L'art égyptien, Planches, Sarcophages de Menkéré et d'Aï, et Texte, p. 351), en a publié un côté, où figurent en colonnes un discours de Nu.t et un court fragment du Livre des Morts (Chapitre 17, l. 34-5).

Graffiti et Excavations diverses.

I.

Embranchement de l'Ouadi-ên.

1._ Cirque.

Rien, jusqu'à ce qu'on ait dépassé une grande paroi dressée de la montagne, à droite, où il semble qu'ait été tracée l'ébauche d'un vaste portique à ouvrir, ce qui est un pur effet du hasard. On rencontre alors, à gauche, un grand cirque, ayant à l'entrée la tombe d'Aménophis 3 (Nº 22 de Lepsius).

Dans ce cirque, très gros tas de décombres. La pierre semblant s'être exfoliée assez vite, les rayures (d'instruments ou de pattes d'oiseaux ?) n'apparaissent en général que sur les pierres très foncées, ayant subi longtemps l'action du soleil ; sur une pierre de ce genre, un très grossier ; sur une autre pierre de nuance pâle, une tête qui semble une tête de bélier ; à droite, nombreux sondages ; rayures sur les anciennes pierres : on distingue ; une tranchée laisse voir derrière de grosses pierres une grande ouverture dans la montagne, avec une apparence de pilier ou de jambage à droite : que l'excavation soit naturelle, comme celle qui a trompé Rhind, ou artificielle, il y a là une recherche utile et facile à faire.

2. — Groupe de blocs calcaires.

Bien plus loin que le cirque, à l'endroit où la route rase un groupe de rocs calcaires, à gauche : deux fois ; deux fois ; quelques nombres ; et deux superposés. Belle inscription hiératique d'un porte-ombrelle du temps de Ramsès 3, datée avec . Plus bas : fait par le scribe Amennakht. Il y a aussi le terme Anhur ; à côté, ; et à la fin du groupe de rocs,

L'embranchement principal se subdivise ensuite en deux embranchements secondaires.

3. — Embranchement de gauche.

Sur une des premières parois, un grand ; sondages ; noms effacés, chiffres ; grand , et .

En suivant le côté gauche de l'embranchement : nouveau tas de décombres, chiffres hiératiques, et inscriptions hiératiques par exemple :

Amennakht ; sorte de rempart en pierres ;

le scribe Aa ; Amennakht ; station avec mur du même genre que le premier rempart, sur un tas de décombres ; traces d'hiéroglyphes, feuilles ; ☥ ; grand ; noms effacés ; traces d'inscriptions sur le roc jusqu'à la hauteur d'un tas très élevé ; grands hiéroglyphes : ; au bas, ; et .

Grand rocher isolé avec noms en hiératique, et, avec la date d'Avril 1829, les noms de S. Cherubini et de Bertin : le Mer nu djat sri, etc. Enceinte de pierres, ronde, sur un tas de décombres, avec foyer ; rayures sur la paroi du roc, qui est mauvaise en cet endroit ; signe ; autre enceinte avec escalier ; pierre mauvaise ; rayures sur silex ; grand ; sondages en bas, au pied du roc ; trous assez profonds dans des décombres ; grand ; autres traces d'inscriptions, entre deux trous ; autres traces sur une partie mauvaise du roc.

L'embranchement finit en cul de sac, à une sorte d'escalier creusé par l'eau, où l'on pourrait peut-être monter : il n'y a pas là d'hiéroglyphes.

En revenant par le côté droit de ce premier embranchement secondaire :

tas de décombres ; deux puits de sondage ; grandes marques ; Ehotmès et Butshamen (à copier) ; deux trous dans des décombres ; audessus, graffiti hiératiques ; deux ; un ; deux ; nouveau tas ; marque ; en bas ; trois trous, et restes de murs ; deux endroits par où l'eau passe en temps de pluie ; puits ; marques ; petit mur ; ; à l'entrée de l'embranchement, trou d'une tombe (le N° 25 de Lepsius), dans les pierres et les débris.

4. _ Embranchement de droite.

(C'est là que se trouvent le tombeau d'Aï et un autre petit tombeau nu, les N°s 23 et 24 de Lepsius).

; en face, sur un grand rocher à droite sur le rocher qui est à côté, probablement de l'hiératique ; très bas, sur le roc, ; puis , et ;

la tombe d'Aï, Discovered by G. Belzoni 1816 ; escarpement où il n'y a rien ; tombeau ouvert ; beaucoup de sondages ; un peu plus loin la marque :

En suivant le côté droit, pas d'inscriptions hiératiques d'abord, et pourtant la paroi est belle; plus loin, 3 longues lignes d'hiératique, en face d'un gros rocher isolé; grand espace vide, puis ; plusieurs signes, qui représentent sans doute des noms; là, le haut du roc est rose, et le bas est blanc; encore des signes; passage fermé par des rocs, et en le franchissant grands signes en hiératique; décombres. L'embranchement finit par une sorte de cuvette creusée par l'eau dans le roc; le 25 Février 1885, il y avait là un peu de verdure, et même des papillons.

En revenant par le côté gauche de l'embranchement, côté qu'on a alors à droite, rien d'abord; puis grande pierre pareille à une dalle dans quelques décombres; signes illisibles un peu plus haut; plus bas, décombres, ceux du tombeau d'Aï.

II.

Embranchement de Bab el Molouk.

1. — Route.

Par endroits les pierres semblent avoir été rangées comme pour le passage des cortèges ou des sarcophages.

A droite : rien si ce n'est vers la fin.

À gauche: deux ébauches de porte, l'une au commencement de la route dans la montagne, l'autre à mi-chemin ou environ; plus loin pierres disposées au bord de la route pour faciliter l'écoulement de l'eau, en un endroit: en suivant de bas en haut le lit desséché qui finit là, on arrive à un des sommets de la montagne où sont disposés de place en place des cercles de cailloux, analogues à ceux de l'Ouadi-ên, mais plus petits et moins hauts. Les graffiti commencent à un endroit où la route arrive à côtoyer le roc calcaire, et où, pour la première fois, on trouve de l'ombre.

Il y a trois groupes de graffiti avant d'arriver à la gorge d'entrée: presque tous sont en hiératique, et plusieurs se rapportent au passage d'un préfet de la ville, et à celui de son scribe. Il y a aussi des hiéroglyphes, par exemple quelques noms et titres, bien écrits, sur un roc isolé.

La gorge étroite qui sert d'entrée à la vallée de Bab el Molouk proprement dite, a un nouveau groupe de graffiti: on y distingue un bélier et quelques uræus, déjà signalés par Champollion et le Guide Murray. Le haut du roc qui forme la partie gauche de la gorge se prolonge en une sorte de plate-forme qui entoure une paroi plus haute de la montagne: sur cette paroi se trouvent encore un assez grand nombre d'inscriptions.

Du côté droit de la route, on ne trouve que quelques noms en hiératique, dans le voisinage de la gorge d'entrée, comme [illegible]. Voici un des graffiti du côté gauche de la route:

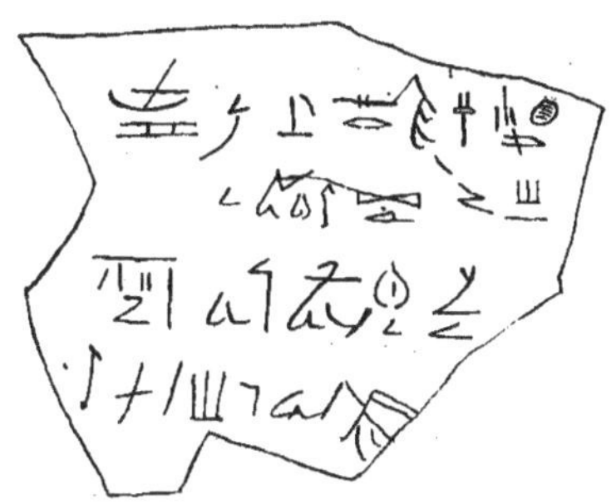

2. — Intérieur de la Vallée. Route centrale.

A gauche en face du N° 2 où l'on s'arrête d'ordinaire, inscriptions de toute sorte, en égyptien, en copte, en grec, en arabe, et dans les différentes langues européennes; attelage d'ânes ébauchés, au bas d'une paroi. En quittant ce groupe de graffiti on trouve peu de chose, si ce n'est par exemple, à droite, près du N° 7 et avant d'y arriver, à une certaine hauteur : , avec deux ou trois autres noms peu lisibles.

3. — Intérieur de la Vallée. Embranchement de droite.

Cet embranchement passe devant le N° 1 et se dirige ensuite vers le fond de la vallée. Voici quelquesuns des graffiti qu'on y trouve :

et (plus loin, à gauche) :

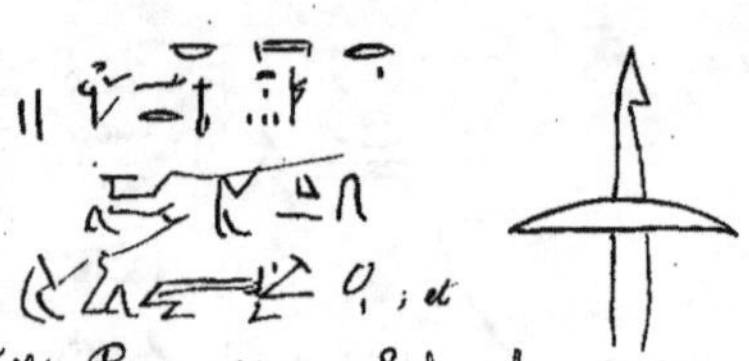

4. – Intérieur de la Vallée. Premier et second Embranchements de gauche.

Dans le premier embranchement, qui est celui des N.os 3 et 4, on trouve à gauche, un peu plus loin que le N.o 4, un éboulement où il semble que du plâtre ait été coulé entre deux rochers ; c'est sans doute un effet naturel, et il y en a d'autres exemples, mais moins remarquables ; sur un des rochers de l'éboulement, le signe [hieroglyph]

Dans le second embranchement, celui des N.os 16, 17 et 18, il y a au dessus du N.o 17 un rempart de pierres, destiné évidemment à détourner les eaux de pluie à droite et à gauche du tombeau. Au bout de cet embranchement, sur la pente même de la montagne, et au long d'un lit de torrent, nombreuses enceintes rondes en pierres, sortes de cités ouvrières, sans graffiti. On distingue encore, un peu plus haut que ces enceintes, et à gauche, deux sentiers régulièrement creusés dans le sable par le va et vient des ouvriers emportant les décombres. Enfin, tout en haut, au dessus des deux embranchements, il y a des inscriptions, mais peu, quoique la paroi dressée de la montagne soit fort belle ; en voici deux ou trois : [hieroglyphs] le scribe Butehamen ; [hieroglyphs] ; et le scribe Chotmès.

5. – Fin de la Vallée et dernier Embranchement de gauche.

C'est le point le plus élevé de la vallée, celui où elle commence à recevoir en temps de pluie les torrents qui l'ont ravinée à la longue, et qui tombent à pic du haut de la montagne dressée en falaises.

Toute cette partie de la vallée est celle où l'on trouve le plus d'inscriptions (et surtout de dessins, chevaux, prisonniers frappés, cynocéphales gravés par le scribe Thotmès, taureaux, etc.); le tout à des hauteurs très variables.

En se dirigeant vers le n° 14 [illegible] (nom qui se retrouve à l'entrée du tombeau de Ramsès 4); un peu plus loin, au dessus d'un sondage, [illegible]; sous une voûte naturelle, [illegible], et en hiéroglyphes, au dessous, [illegible].

Après le n° 15, deux fois au moins le cartouche [illegible]; un compte par journées, haut placé; beaucoup plus loin, le scribe royal Ankhefamen, scribe du Kher, fils du scribe royal Butehamen, scribe du Kher; plus loin, Thotmès, scribe royal, Butehamen, et [illegible]; à côté de la chapelle dont il sera parlé plus loin, longue inscription datée; cartouche de Rausenkheperu; et (Rausermameramen) [illegible].

En revenant par le côté opposé de l'embranchement, c. à d. par le côté droit, qu'on a alors à sa gauche : le scribe [illegible]; les cartouches Rauserkheperu Setimerenptah, de l'écriture de Kenherkhepeshef; [illegible]; un autre scribe est [illegible], fils du scribe [illegible]; Ramessu;

Nebnefer; des Sotem m as.t ma.t;

(ici gratté)

sur un même rocher:

Sur le rocher voisin du précédent, presque en face la chapelle, mais un peu plus haut, trois inscriptions à l'encre rouge: la première est sur un côté rentrant de la paroi, assez haute, dans un endroit anciennement enfoui, mais un peu dégagé maintenant, et écrite en grosses lettres de couleur pâle; la deuxième est au bas de la paroi, et la troisième un peu au dessous de la deuxième:

En continuant à descendre, du même côté de la montagne : le nom de Rameri ; le scribe Kenherkhepeshef et le cartouche Ra-userkheperu

Sur un rocher isolé, qui est tout à côté de la tombe sans Numéro indiquée plus loin, encore le nom de Kenherkhepeshef, et le cartouche de Sétimerenptah.

6. — Tombeaux, Puits, etc., sans Numéros d'ordre.

Dans le premier embranchement de gauche, au dessus des N.os 3 et 4 qui sont à gauche, il y a à droite deux tombes. L'une est enfouie presque entièrement ; il y a dedans des os et des linges de momies ; les fellahs y cachent probablement, surtout dans l'espèce de niche ou trou du fond, quelques uns des objets qu'ils cherchent à vendre aux voyageurs :

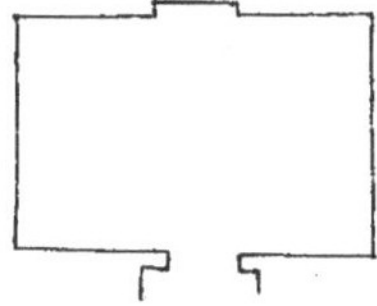

La plus éloignée des deux tombes est d'un abord difficile ; on y descend par une sorte de puits ; il y a quelques débris de momies :

Dans la route centrale, une tombe non décorée, dont l'entrée reste enfouie, a rencontré le plafond du 5.e corridor de Ramsès 6, N.o 9, et a été alors abandonnée

(Cette tombe se compose de deux salles ou corridors avec quatre chambres annexes, trois à droite et une à gauche).

Vers la fin de la route centrale, en allant au dernier embranchement de gauche, près de cet embranchement, à gauche, et au bas de la montagne, puits assez profond et ouverture d'un autre puits.

Dans le dernier embranchement de gauche, à gauche, puits mal taillé et enfoui; en face, puits assez bien taillé; un peu plus haut, à gauche, puits bien taillé, avec entrée de chambre enfouie. Au dessus, du même côté, environ à moitié chemin, niche ou chapelle creusée à une certaine hauteur dans le roc:

Paroi droite.

Paroi du fond.

Paroi gauche.

En face de cette chapelle, tombe enfouie, sauf quelques pas à l'entrée.

III.

Graffiti des tombes royales.

Il n'entrait pas dans le plan de ce travail de rechercher les inscriptions en copte, en grec ou en latin, qui peuvent figurer dans les hypogées royaux (ou sur les parois de la montagne). Un certain nombre de ces inscriptions sont d'ailleurs connues. Plusieurs graffiti grecs et latins ont été publiés et étudiés par Letronne; Champollion et le Docteur Lepsius en ont copié d'autres (Champollion, Notices, I, 828-9, et Lepsius, Denkmaeler, VI, pl. 76. No. 30-58, et pl. 101, No. 45-48) et, en 1863-4, M. Wescher a recueilli dans l'intérieur des tombeaux une grande quantité de noms grecs. En général, ces noms ne sont pas antérieurs à l'époque ptolémaïque; toutefois, il y a des exceptions: ainsi M. Sayce a copié une inscription en caractères cypriotes à droite de l'entrée du tombeau de Ramsès 4, qu'il appelle le N.° 10 par confusion, peut être, entre le mot arabe qui signifie deux et le mot anglais qui signifie dix (Société d'Archéologie biblique, Proceedings, Mai 1884, p. 210 et 221).

Presque tous ces graffiti, dont quelques uns figurent, au tombeau de Ramsès 2, au dessus du disque qui est sous la tête de bœuf (premier corridor), sont gravés au trait; il y en a aussi à l'encre rouge, comme celui de Januarius, militaire connu pour son barbarisme mirawi, répété aux derniers corridors de Ramsès 4 et de Ramsès 6, ou comme les inscriptions coptes des N.os 1, 2 et 9.

Les graffiti purement égyptiens, dont la connaissance rentre plus directement dans l'étude des hypogées royaux, sont assez rares, d'autant plus que certains textes hiératiques font partie de la décoration même des tombeaux. Voici l'indication des graffiti purement égyptiens des tombes royales :

Au tombeau de Ramsès 3 il y a, à l'entrée du 1.er corridor, paroi gauche, derrière le roi, deux inscriptions hiératiques dont l'une est presque effacée, mais on distingue encore, dans celle-là, le nom du scribe Inutef, qui se trouve aussi sur un pilier du même tombeau ; l'autre inscription, qui est sous la première a été publiée deux fois dans les Notices de Champollion, sans indication de provenance (I, 571 et 811). Au même tombeau, sur la face de droite du 2.e pilier de droite, dans la troisième salle, se trouvent les deux inscriptions hiératiques publiées dans Champollion (Notices, I, 414) : c'est là que figure le nom du scribe Inutef.

Au tombeau de Ramsès 4, le nom en hiéroglyphes du scribe Penamen se lit dans la première scène du premier corridor, paroi gauche.

Le texte hiératique publié dans les Notices de Champollion (II, 635), ne paraît pas appartenir au tombeau de Ramsès

6, comme il a été dit dans la Notice du tombeau de ce pharaon, aux Remarques.

Au tombeau du prince Ramsès Mentuherkhepeshef, il y a quelques mots illisibles, en hiératique, sous la dernière ligne d'hiératique de la paroi droite, C.

Tous ces graffiti sont gravés à la pointe : deux autres, qui sont écrits à l'encre noire, ont été publiés avec les textes du tombeau de Séti 1er (seconde partie, pl. 14), et du tombeau de Ramsès 9 (pl. 6, A).

Enfin, un curieux spécimen de la fantaisie égyptienne subsiste, au tombeau de Ramsès 4, près de la porte d'entrée, à gauche, avant les premières scènes, et à 2m. 45 du sol ; c'est un personnage d'environ 45 centimètres de haut, esquissé au trait bleu, et tournant le dos à l'hypogée :

Fin.

Autographié du 7 Mai au 31 Août 1886.

E. L.

1.

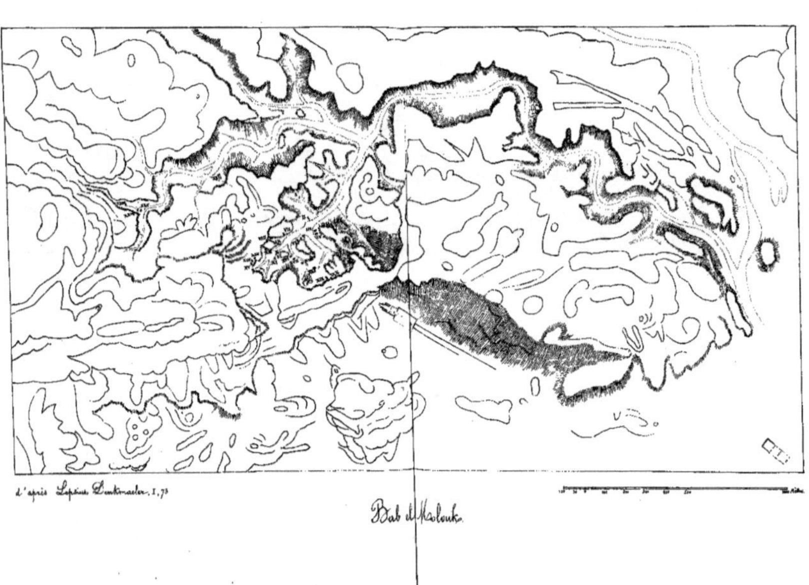

d'après Lepsius Denkmaeler, I, 73

Bab el Molouk.

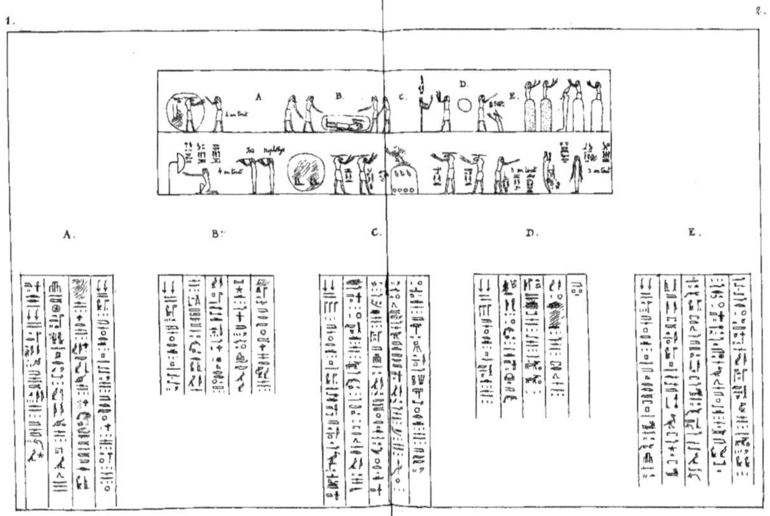

1. 2.

A. B. C. D. E.

4 en tout

Isis Nephthys

4 en tout

3 en tout

A. B. C. D. E.

Ramsès 7 Salle. Paroi gauche

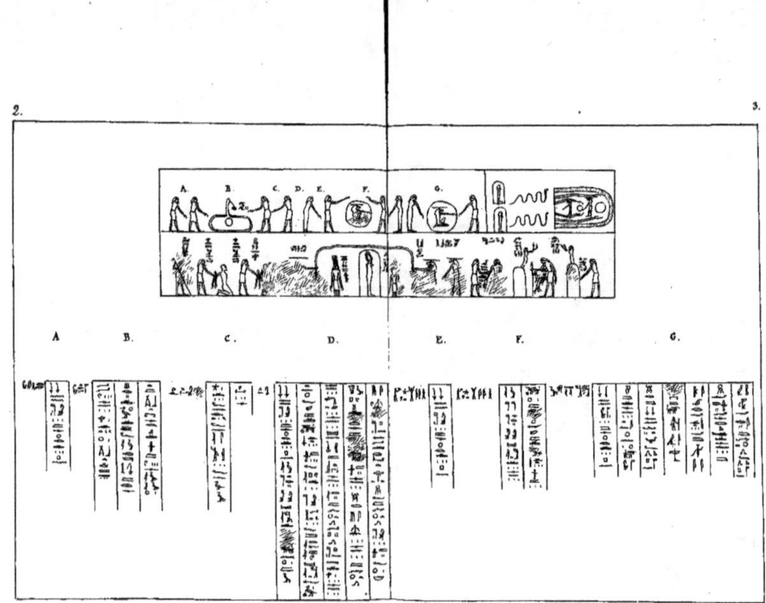

Ramsès 7. Salle. Paroi droite

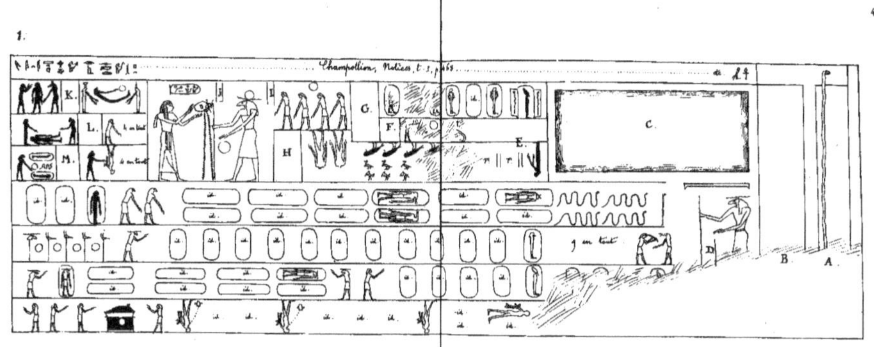

Ramsès 9. Second Corridor.

Paroi droite.

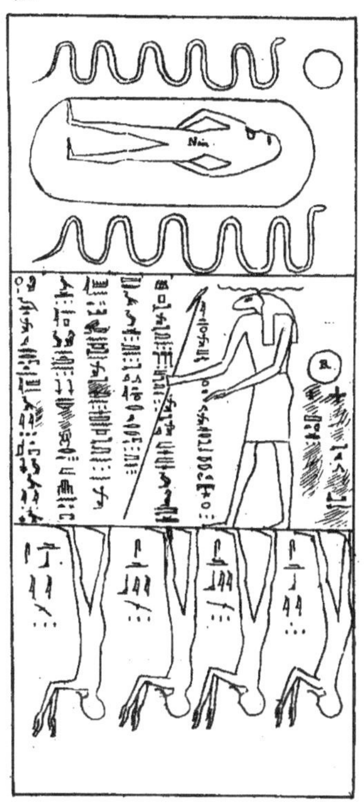

C. Niche. Paroi droite.

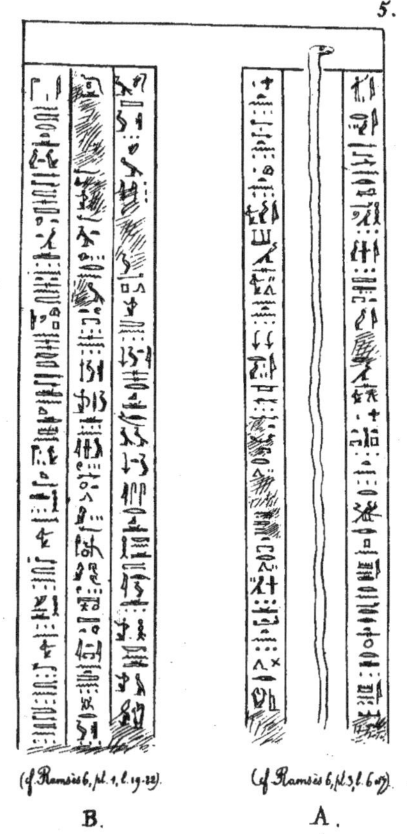

(cf. Ramsès 6, pl. 1, l. 19-22).

B.

(cf. Ramsès 6, pl. 3, l. 6 et 7).

A.

Ramsès 9. Second Corridor. Paroi droite. — Détails.

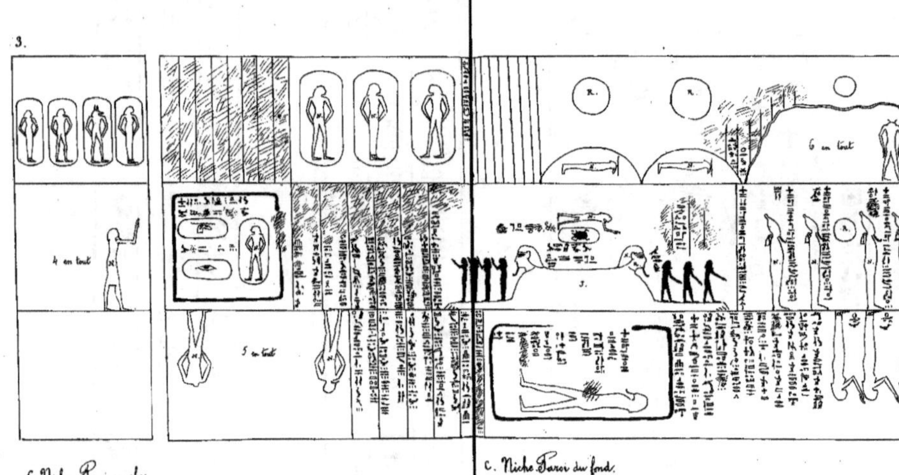

C. Niche. Paroi gauche

C. Niche Paroi du fond.

Ramsès 9. Second Corridor Paroi droite _ Détails (suite).

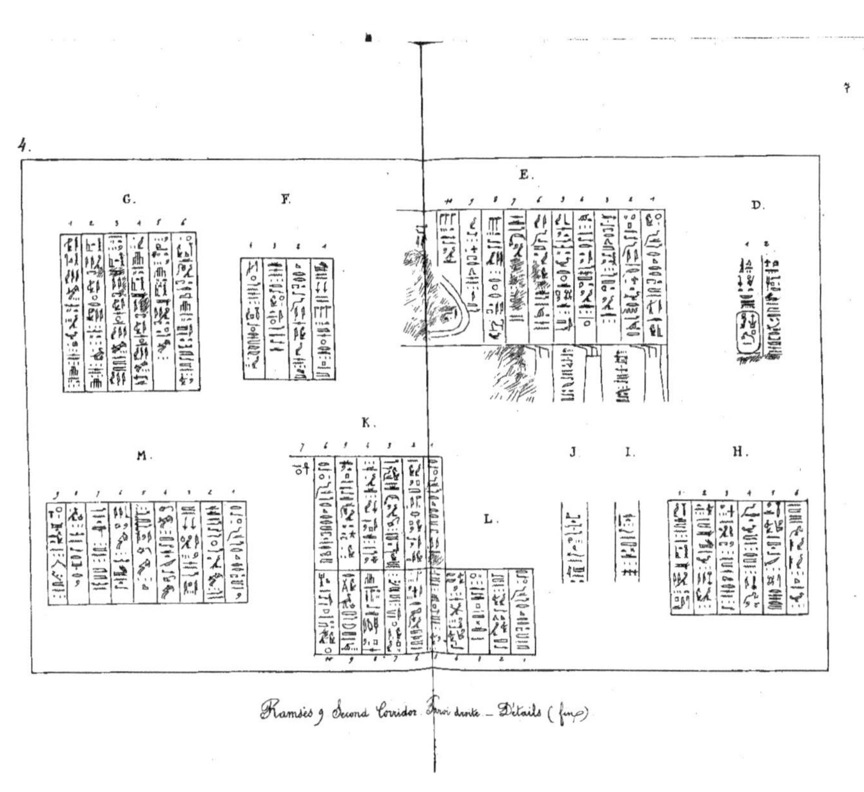

Ramsès 9 Second Corridor. Paroi droite. — Détails (fin)

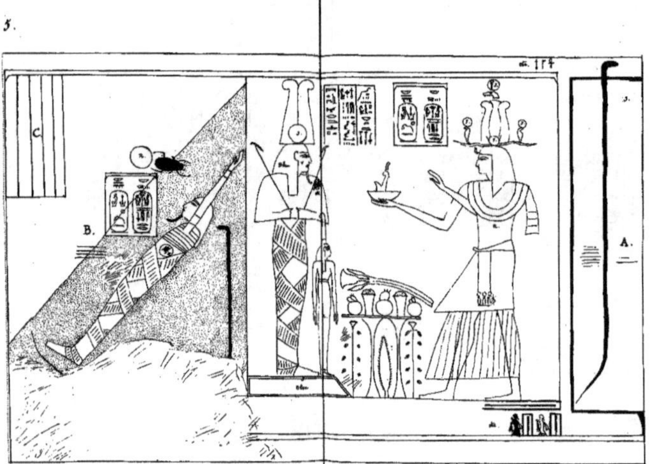

Ramsès 9. troisième Corridor. Paroi droite (Commencement).

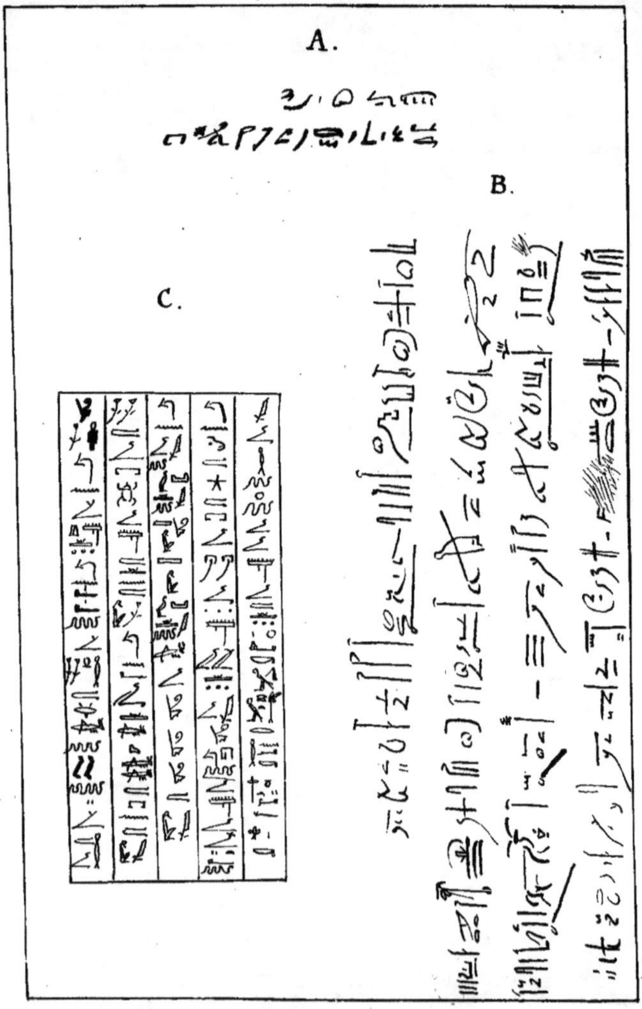

A.

B.

C.

Ramsès 9. Troisième Corridor. Paroi droite (Commencement). — Détails.

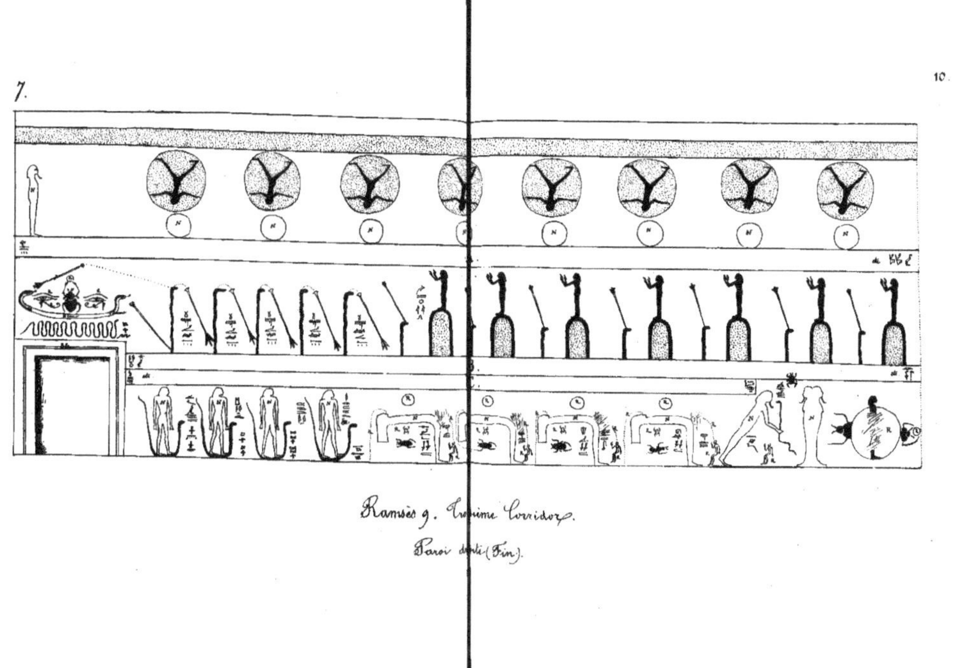

Ramsès 9. Troisième Corridor.

Paroi droite (Fin).

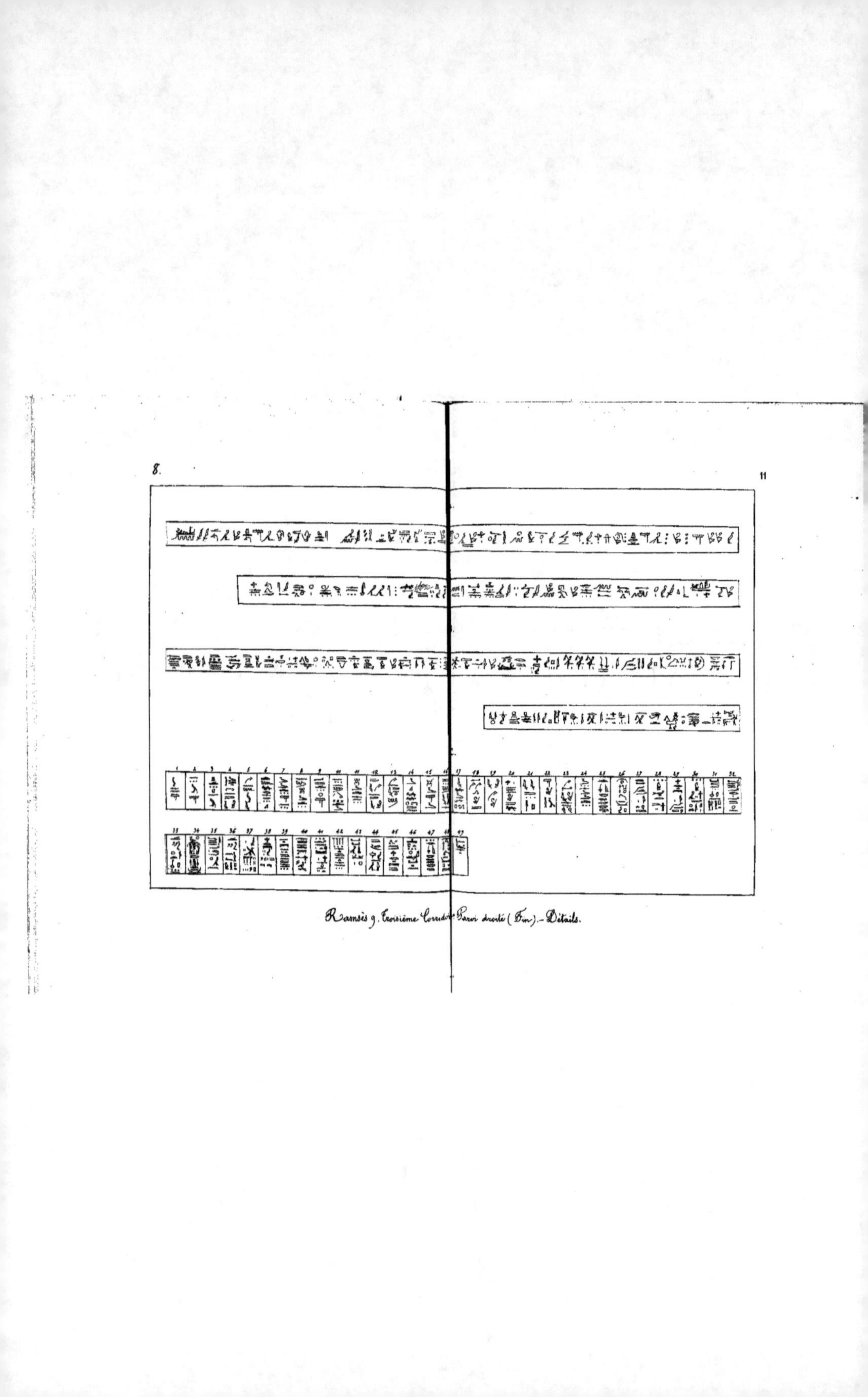

8.

Ramsès 9. Troisième Corridor. Paroi droite (Fin). – Détails.

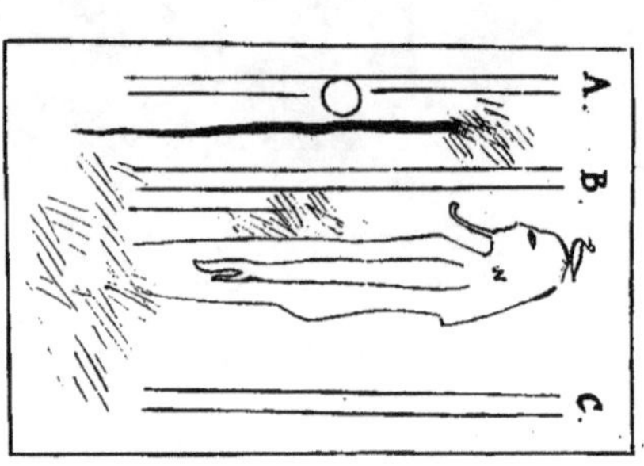

A.

B.

C.

Ramsès 9. Troisième Salle.

Paroi d'entrée. Côté gauche.

10.

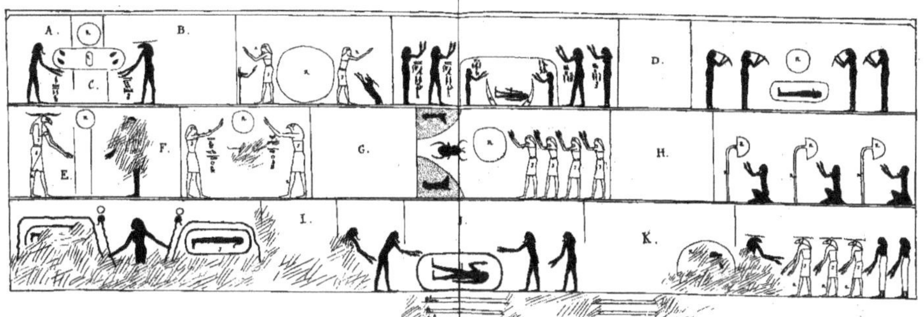

Ramsès 9. Troisième Salle.

Paroi gauche.

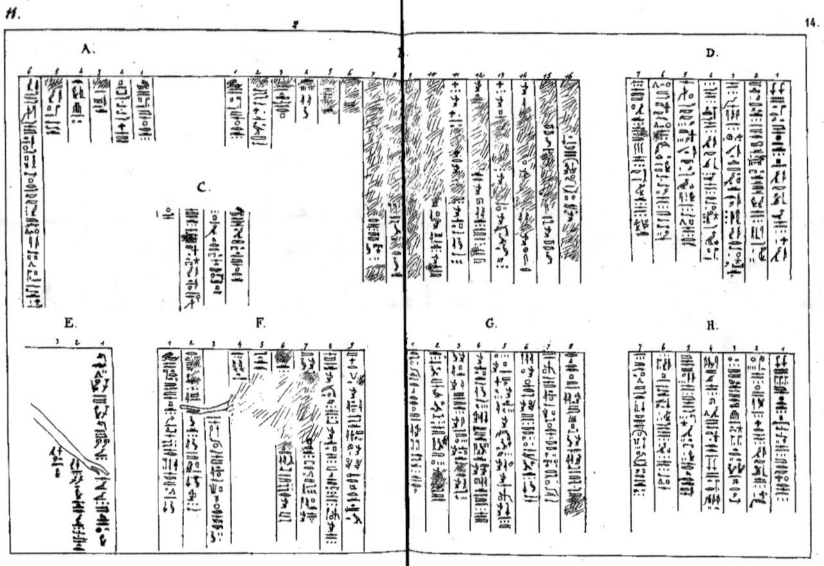

A.

B.

C.

D.

E.

F.

G.

H.

Ramsès 9. Troisième Salle. Paroi gauche. — Détails.

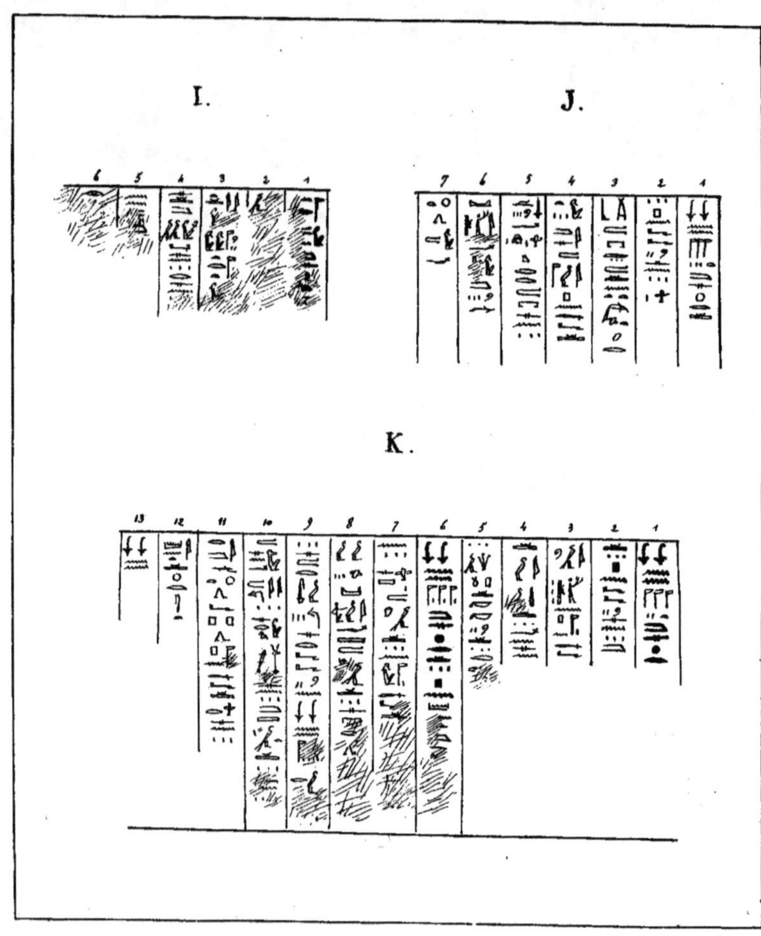

Ramsès 9. Troisième Salle. Paroi gauche. — Détails (fin).

13. 16.

Ramsès 9. Troisième Salle.

Paroi d'entrée. Côté droit.

Rhamsès 9. Troisième Salle.

Paroi droite.

18.

15.

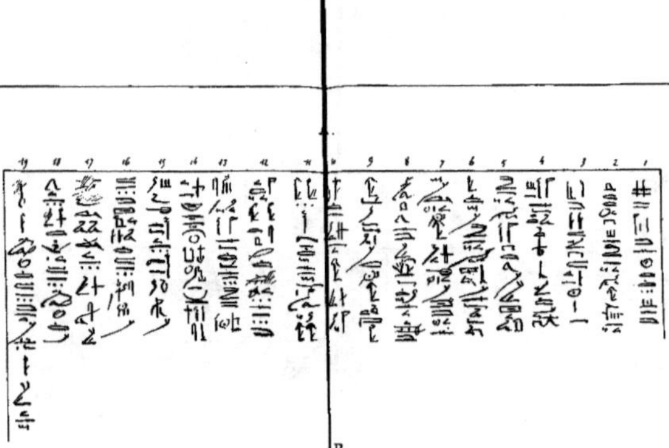

B.

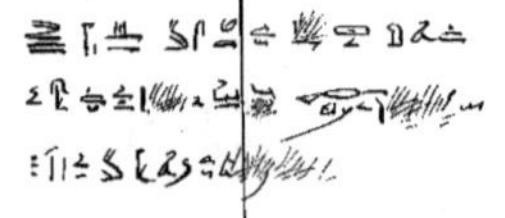

Ramsès 9. Troisième Salle, Paroi droite. — Détails.

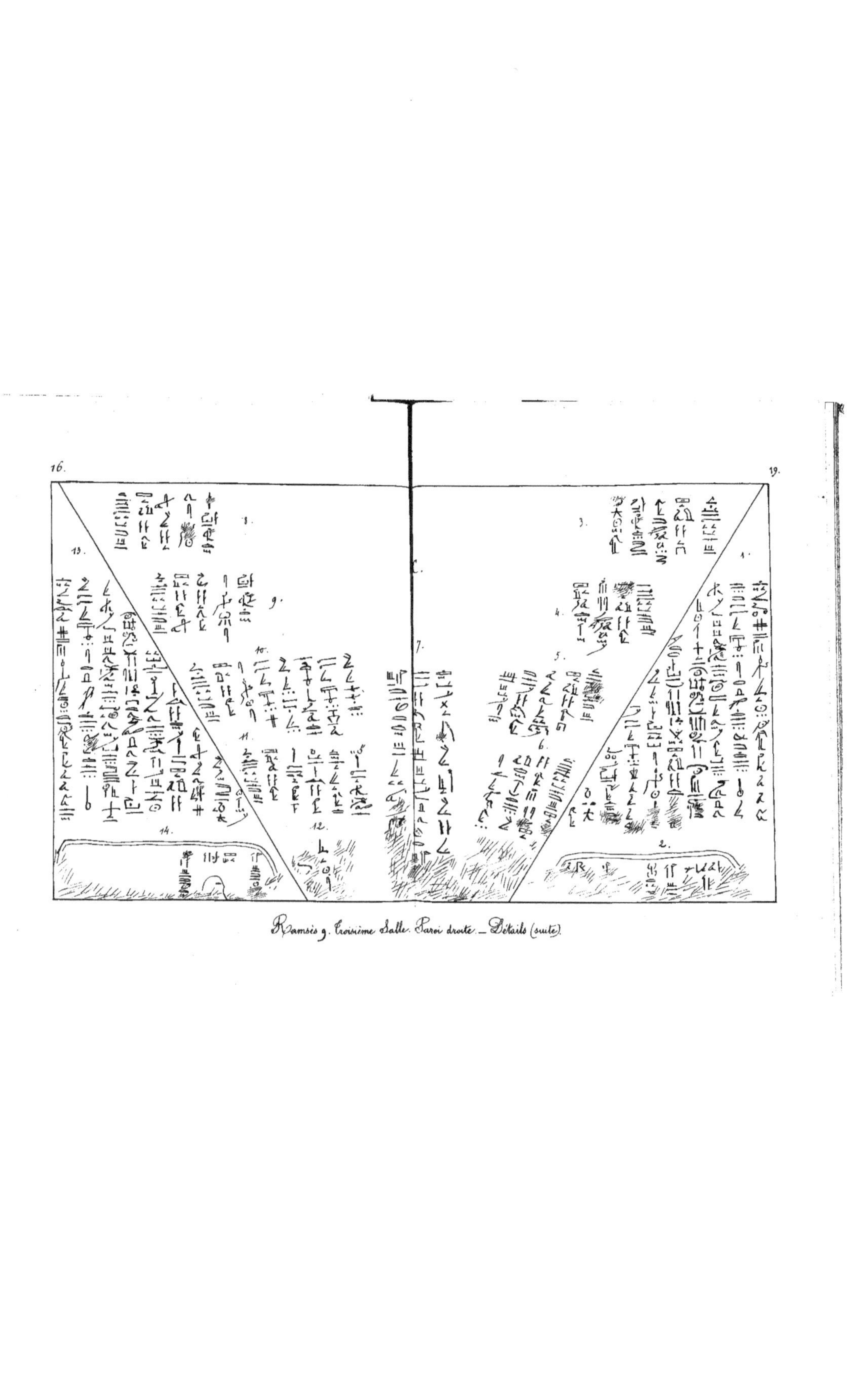

Ramsès 9. Troisième Salle. Paroi droite. – Détails (suite).

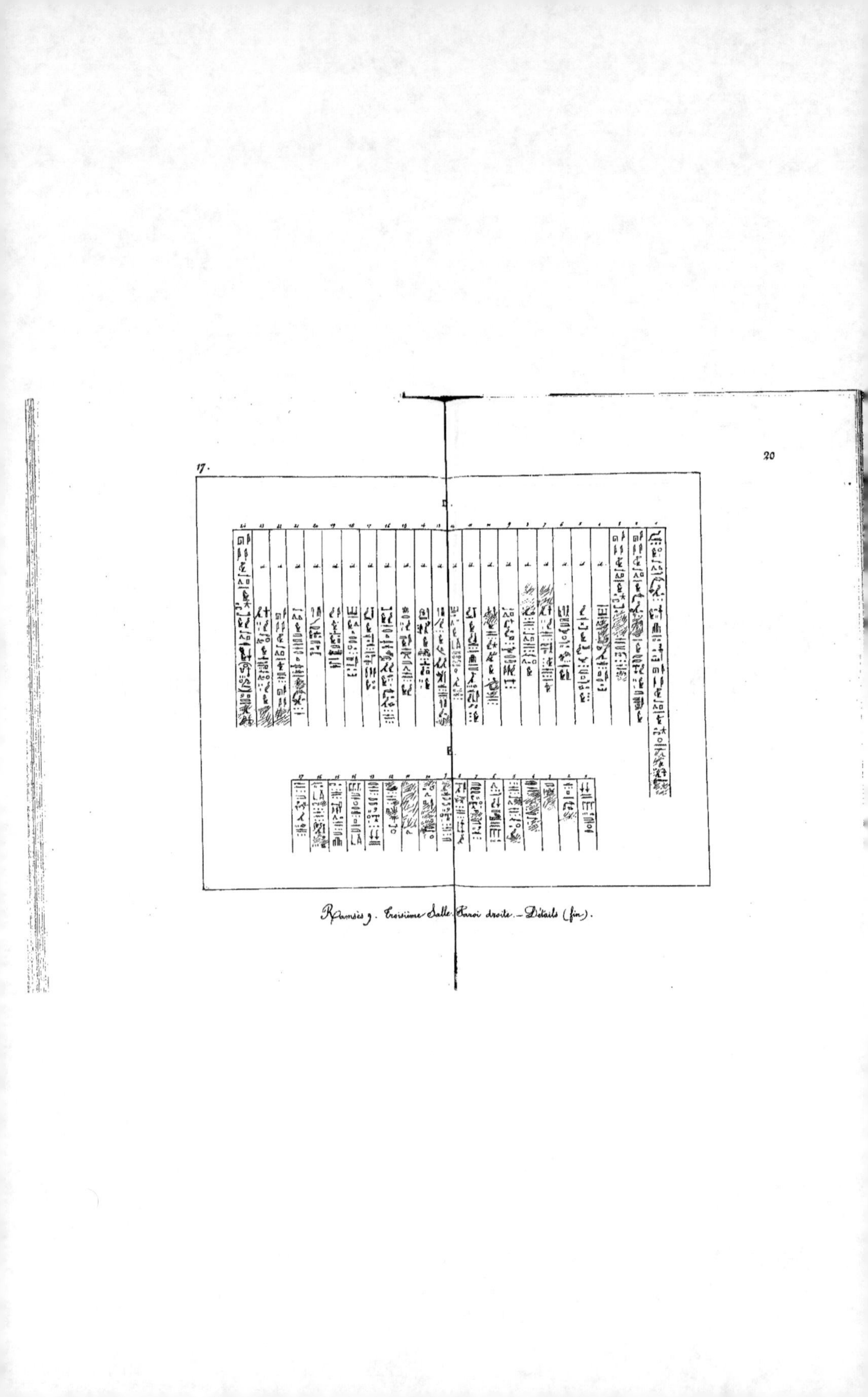

D.

E.

Ramsès 9. Troisième Salle. Paroi droite. – Détails (fin).

18.

21.

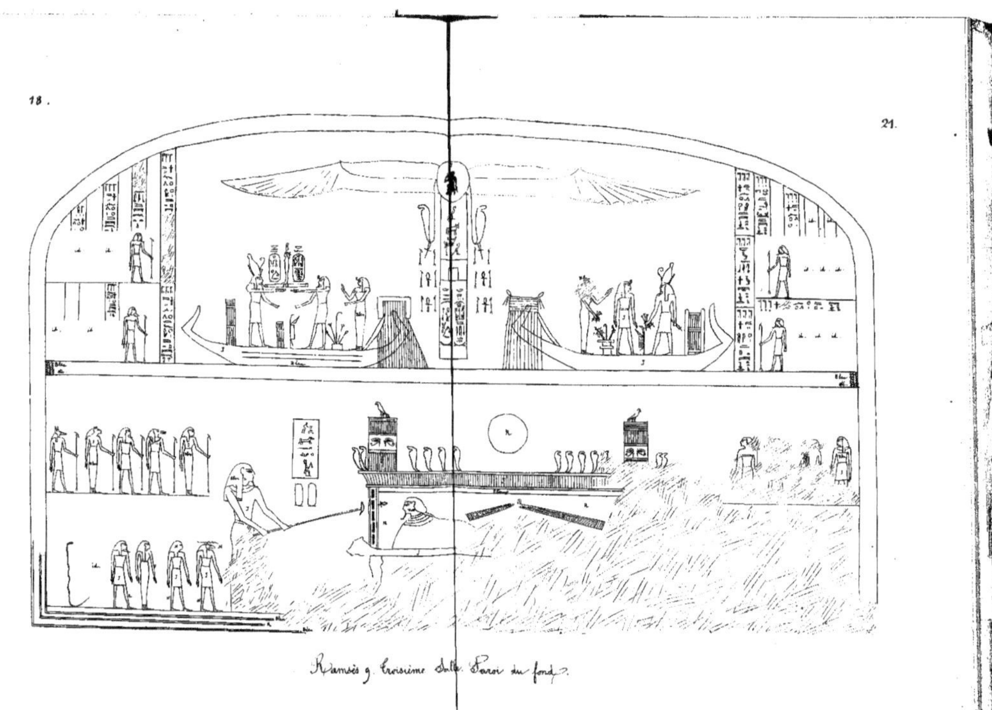

Ramsès 9. troisième Salle. Paroi du fond.

Voûte.

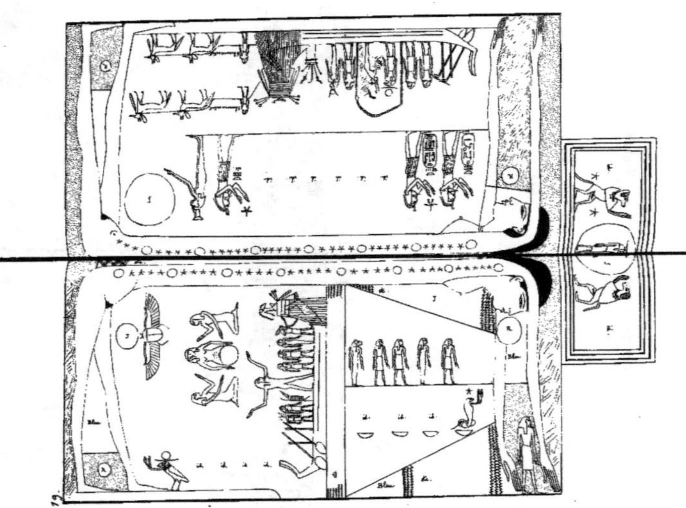

Ramsès 9. Troisième Salle.

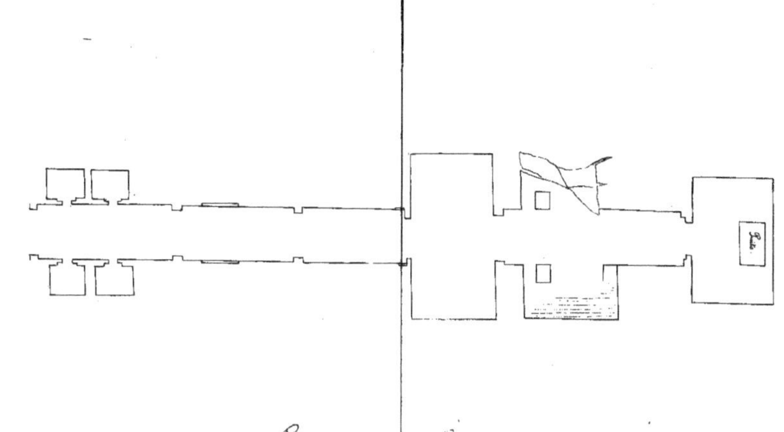

Plan du tombeau de Ramsès 9

(cf. Description de l'Egypte, Antiq II, 79, 1).

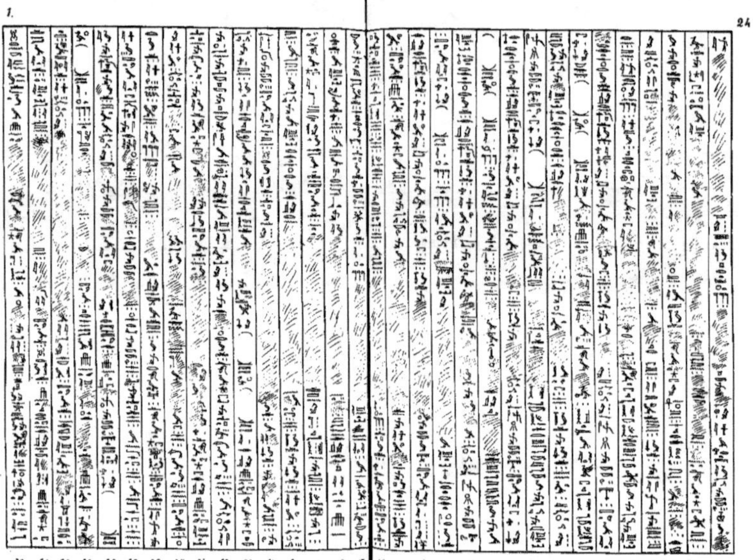

1.

32 31 30 29 28 27 26 25 24 23 22 21 20 19 18 17 16 15 14 13 12 11 10 9 8 7 6 5 4 3 2 1

Ramsès 6. Premier Corridor. Paroi droite.

43 42 41 40 39 38 37 36 35 34 33

Ramsès 6. Premier Corridor. Paroi droite.

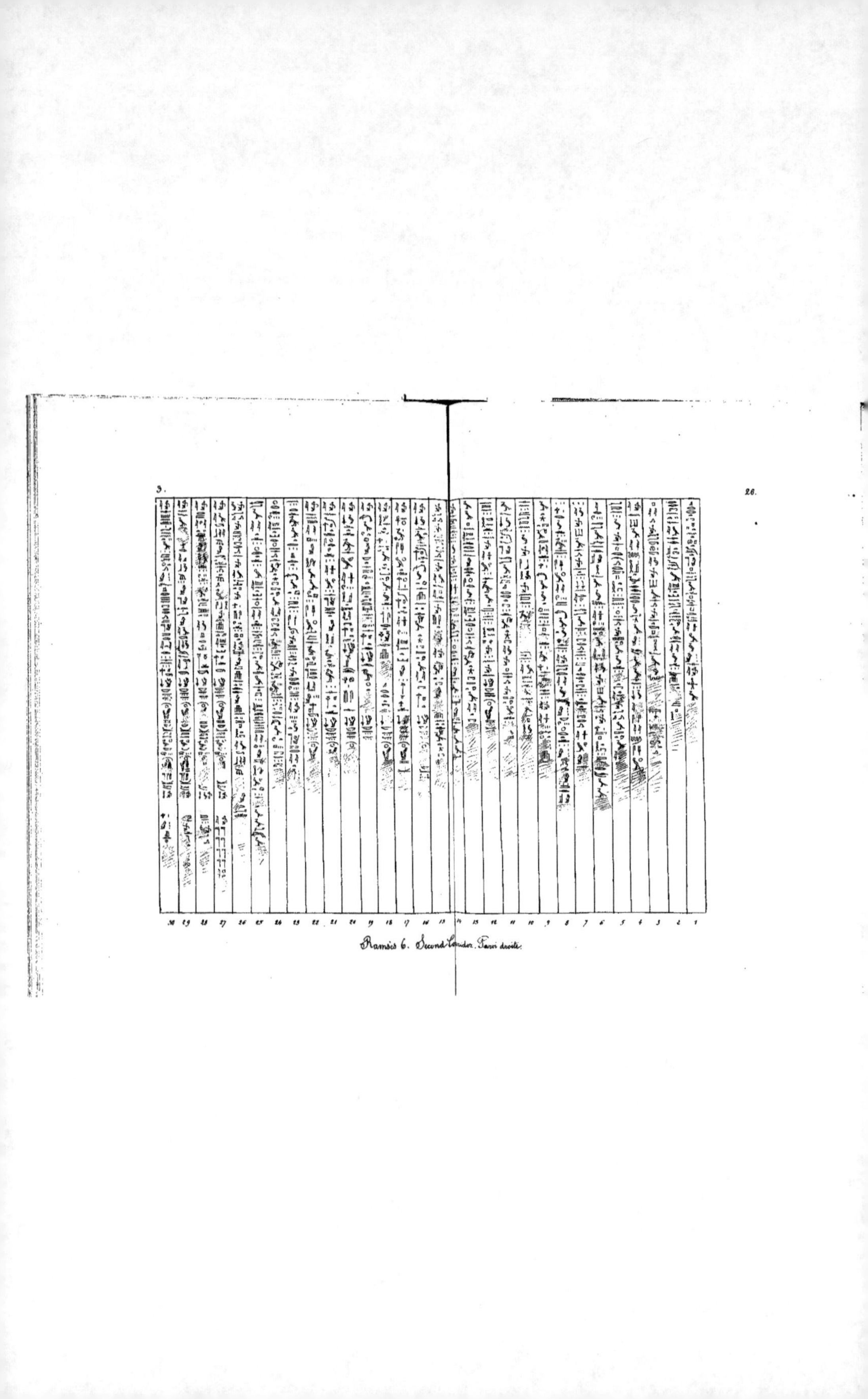

30 29 28 27 26 25 24 23 22 21 20 19 18 17 16 15 14 13 12 11 10 9 8 7 6 5 4 3 2 1

Ramsès 6. Second Corridor. Paroi droite.

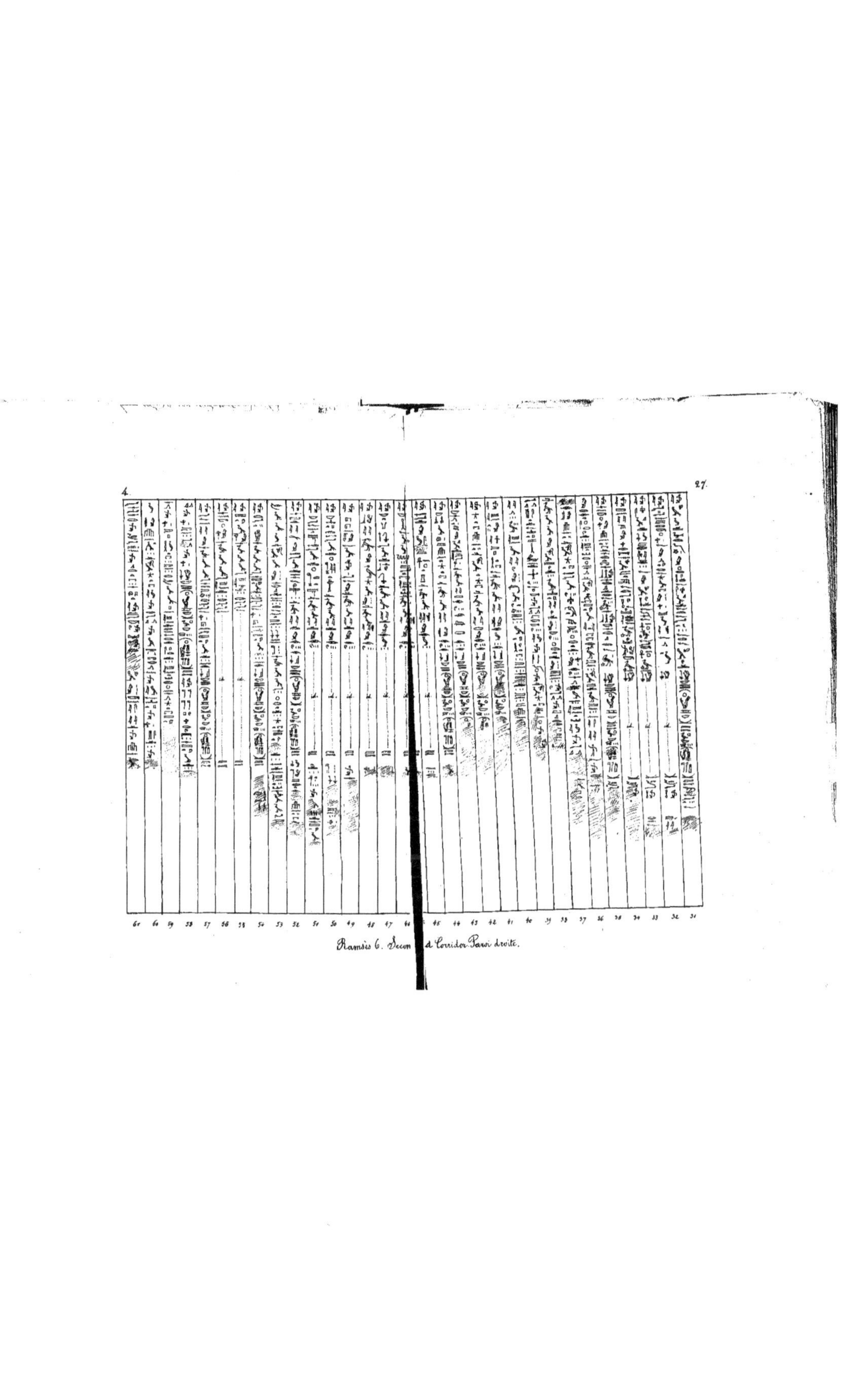

4. 27.

61 60 59 58 57 56 55 54 53 52 51 50 49 48 47 46 45 44 43 42 41 40 39 38 37 36 35 34 33 32 31

Ramsès 6. Second Corridor Paroi droite.

87 86 85 84 83 82 81 80 79 78 77 76 75 74 73 72 71 70 69 68 67 66 65 64 63 62

Ramsès 6. Second Corridor. Paroi droite.

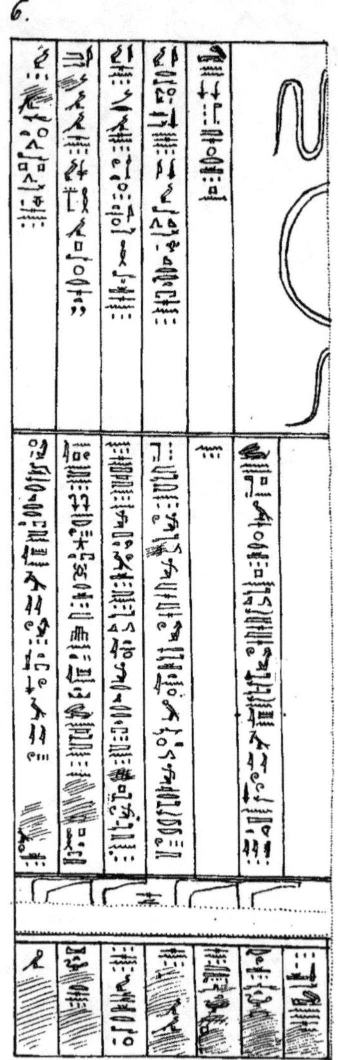

Ramsès 6. Second Corridor. Paroi droite.

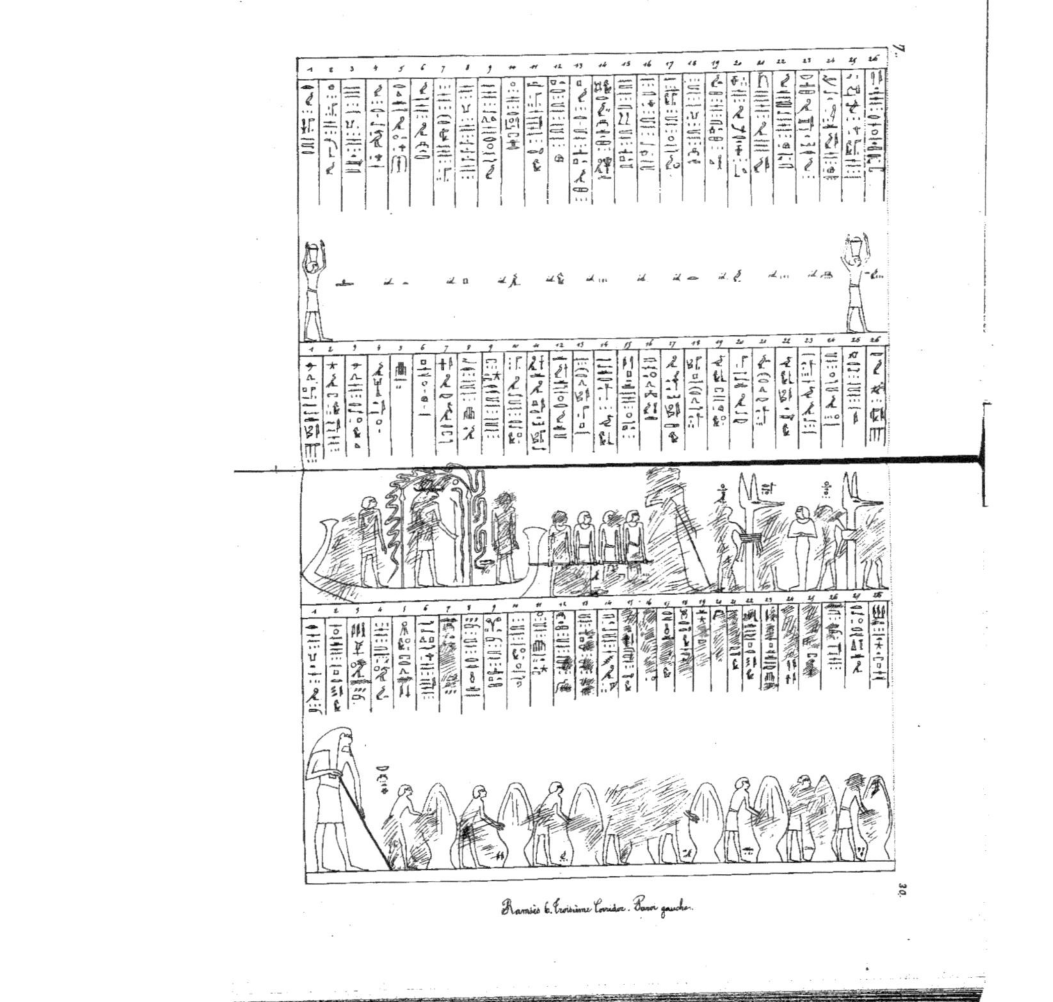

Ramsès 6. Troisième Corridor. Paroi gauche.

8.

Ramsès 6. Troisième Corridor. Paroi gauche.

9.

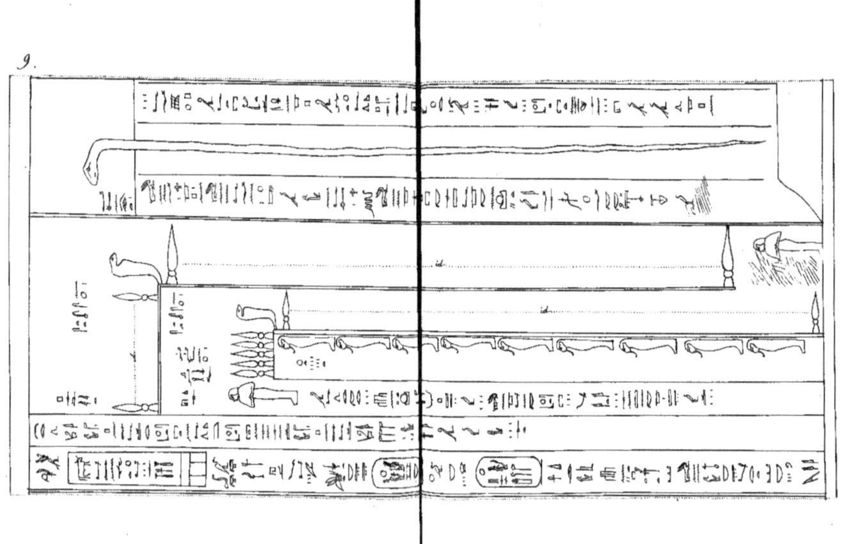

Ramsès 6. Troisième Corridor. Paroi gauche.

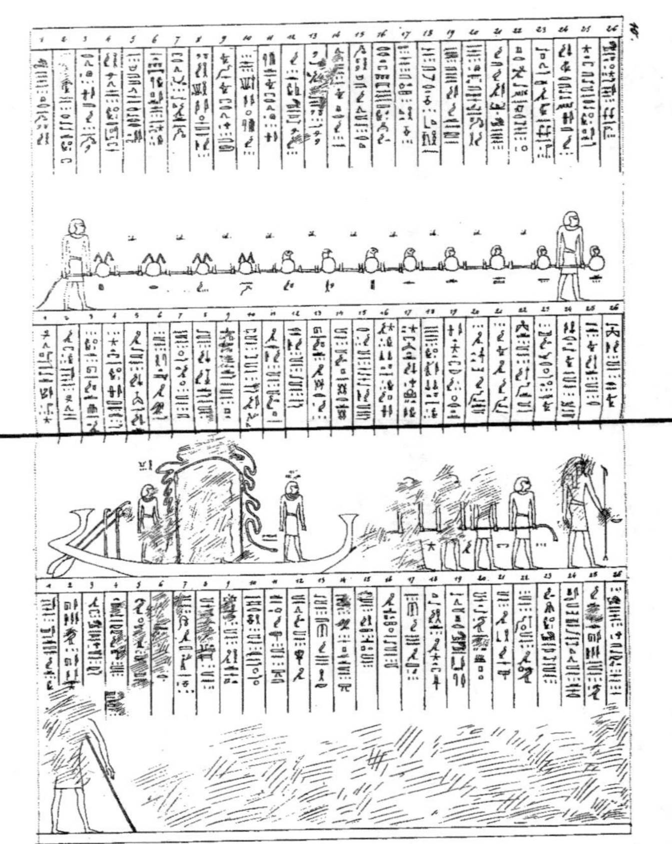

Ramsès 6. Troisième Corridor Paroi gauche.

33

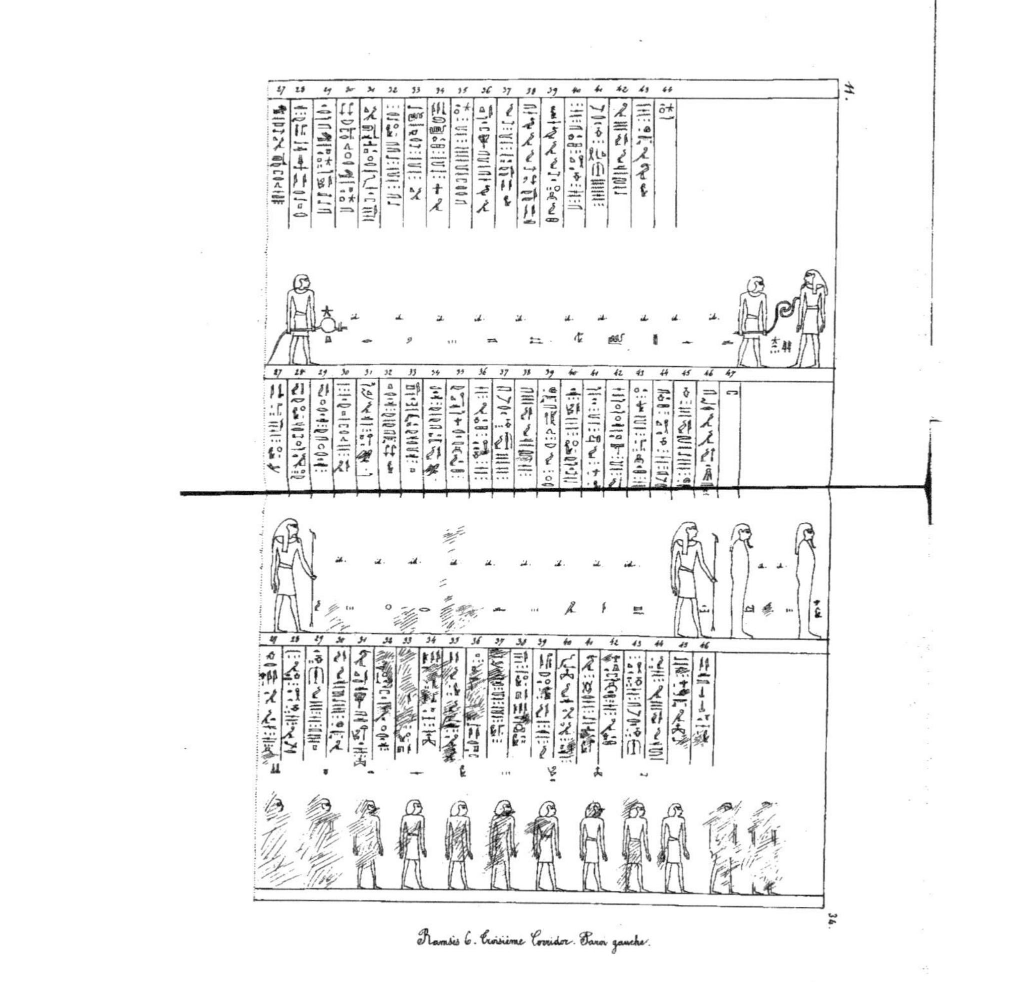

Ramsès 6. Troisième Corridor. Paroi gauche.

12.

15 14 13 12 11 10 9 8 7

Paroi du Fond.

6 5 4 3 2 1

Paroi droite.

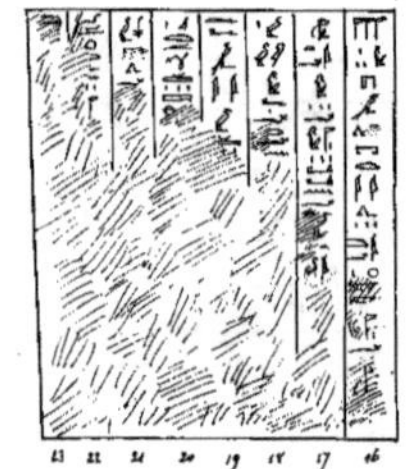

Paroi gauche.

Ramsès 6. Troisième Corridor. Paroi gauche, Niche.

12.

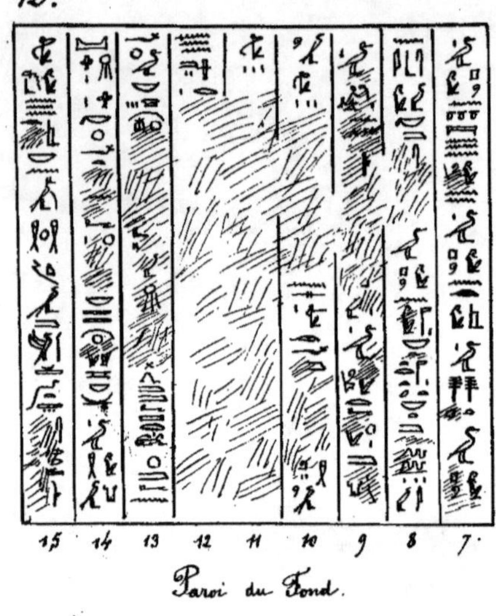

Paroi du Fond.

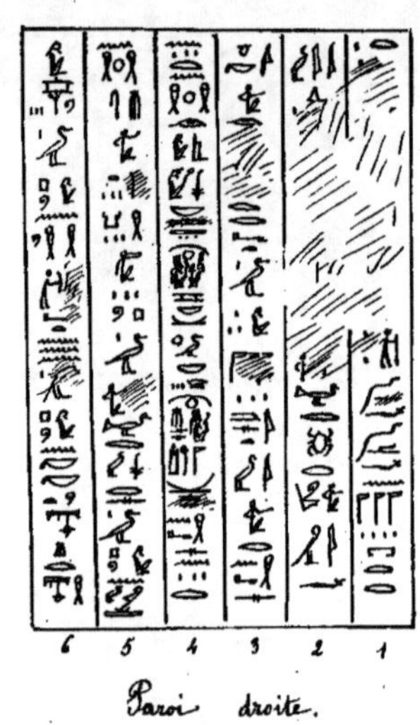

Paroi droite.

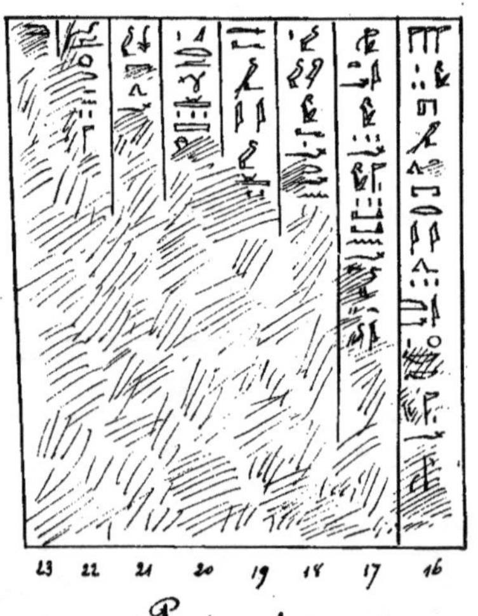

Paroi gauche.

Ramsès 6. Troisième Corridor. Paroi gauche. Niche.

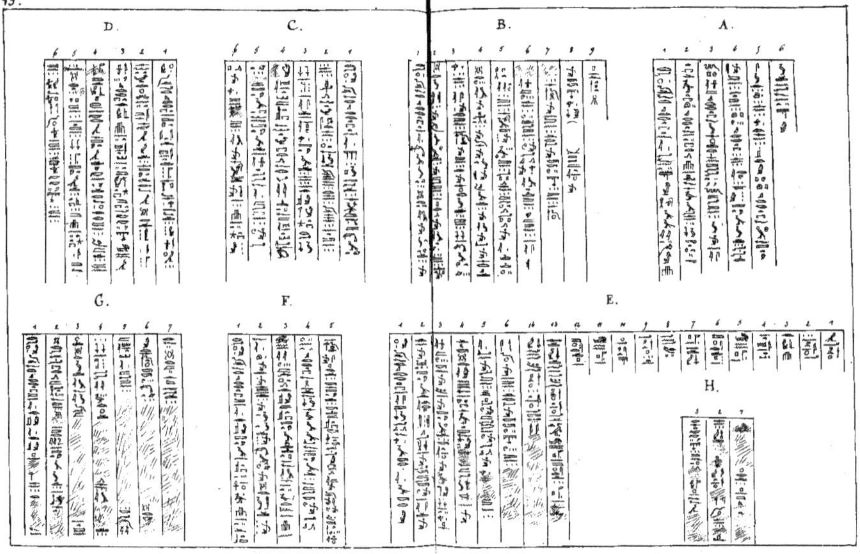

D. C. B. A.

G. F. E.

H.

Ramsès 6. Troisième Corridor. Paroi droite. 1re Partie. 1er et 2e Registres.

C.

B.

A.

E.

D.

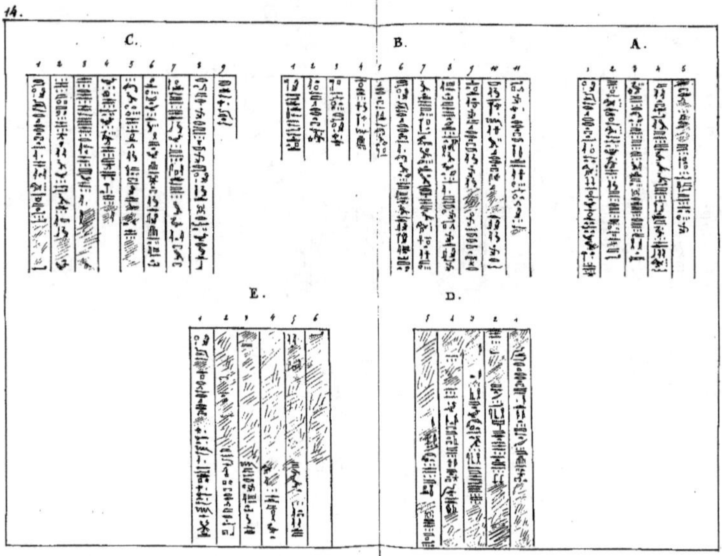

Ramsès 6. Troisième Corridor. Paroi droite. – 1re Partie. 3e Registre.

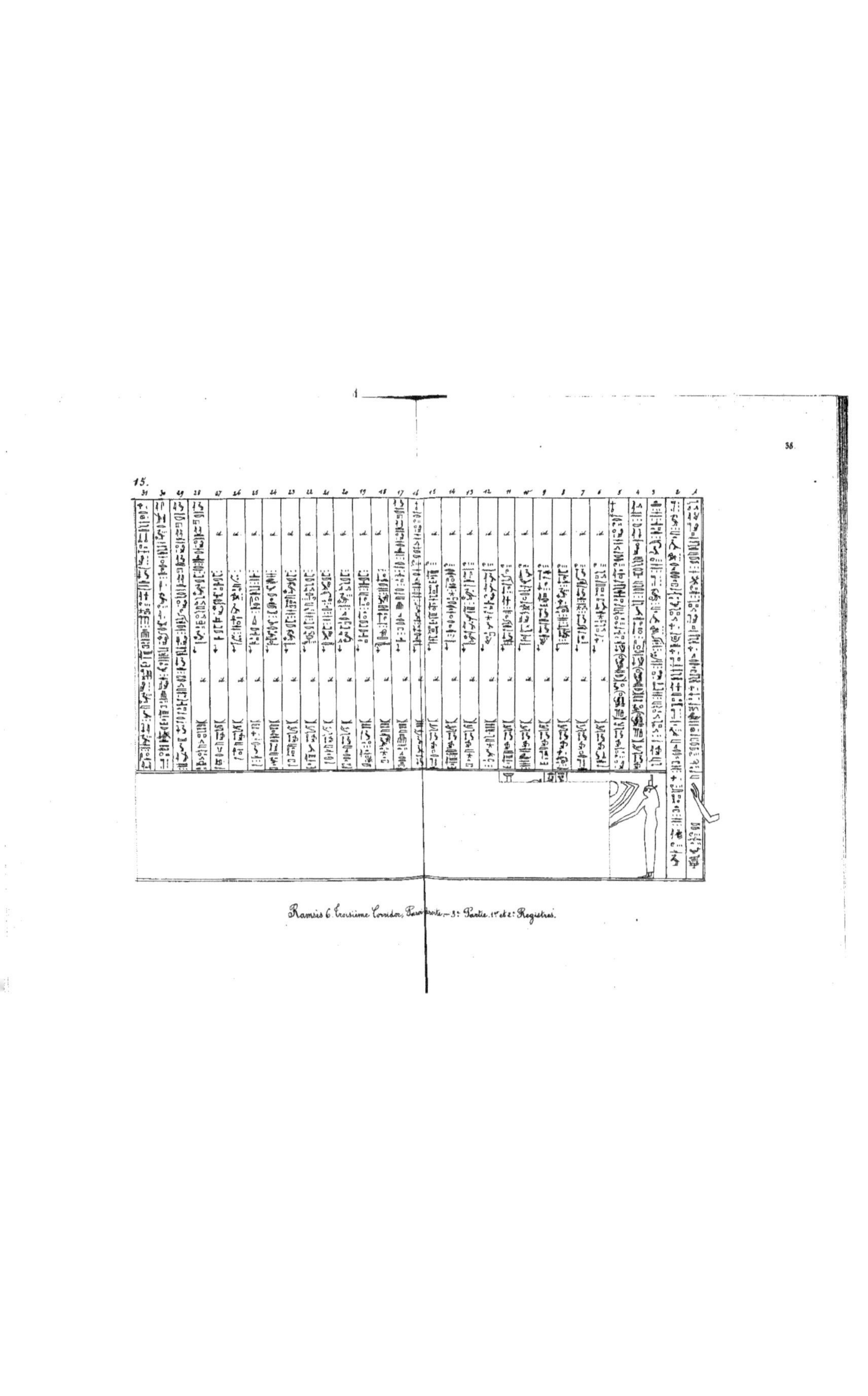

15.

Ramsès 6. Troisième Corridor, Paroi droite. — 3e Partie. 1er et 2e Registres.

40.

39.

Niche. Paroi gauche.

64 63 62 61 60 59 58

Niche. Paroi du fond.

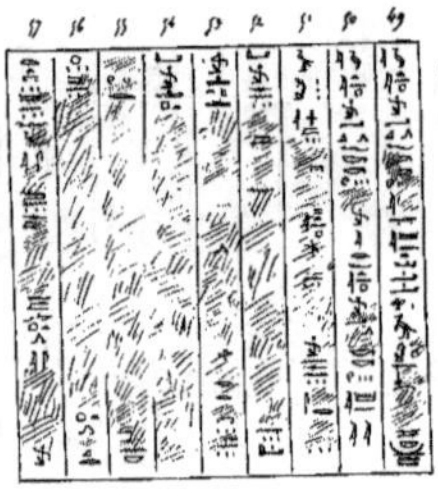

57 56 55 54 53 52 51 50 49

Niche. Paroi droite.

48 47 46 45 44 43 42

41 40 39 38 37 36 35 34 33 32

1 2 3 4 5 6 7 8

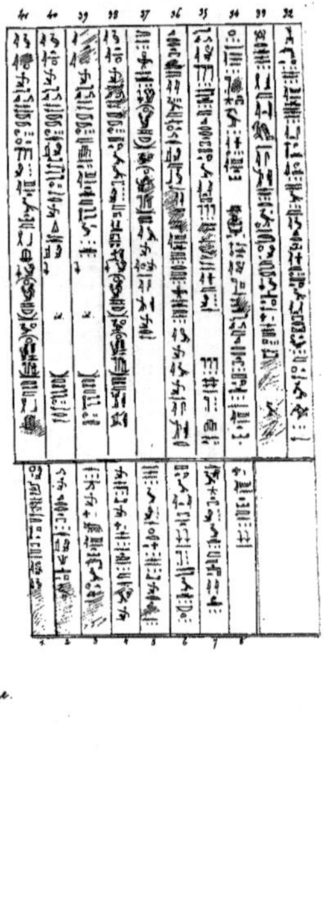

Ramsès 6. Troisième Corridor. Paroi droite. – 3e Partie. 1er et 2e Registres. Niche.

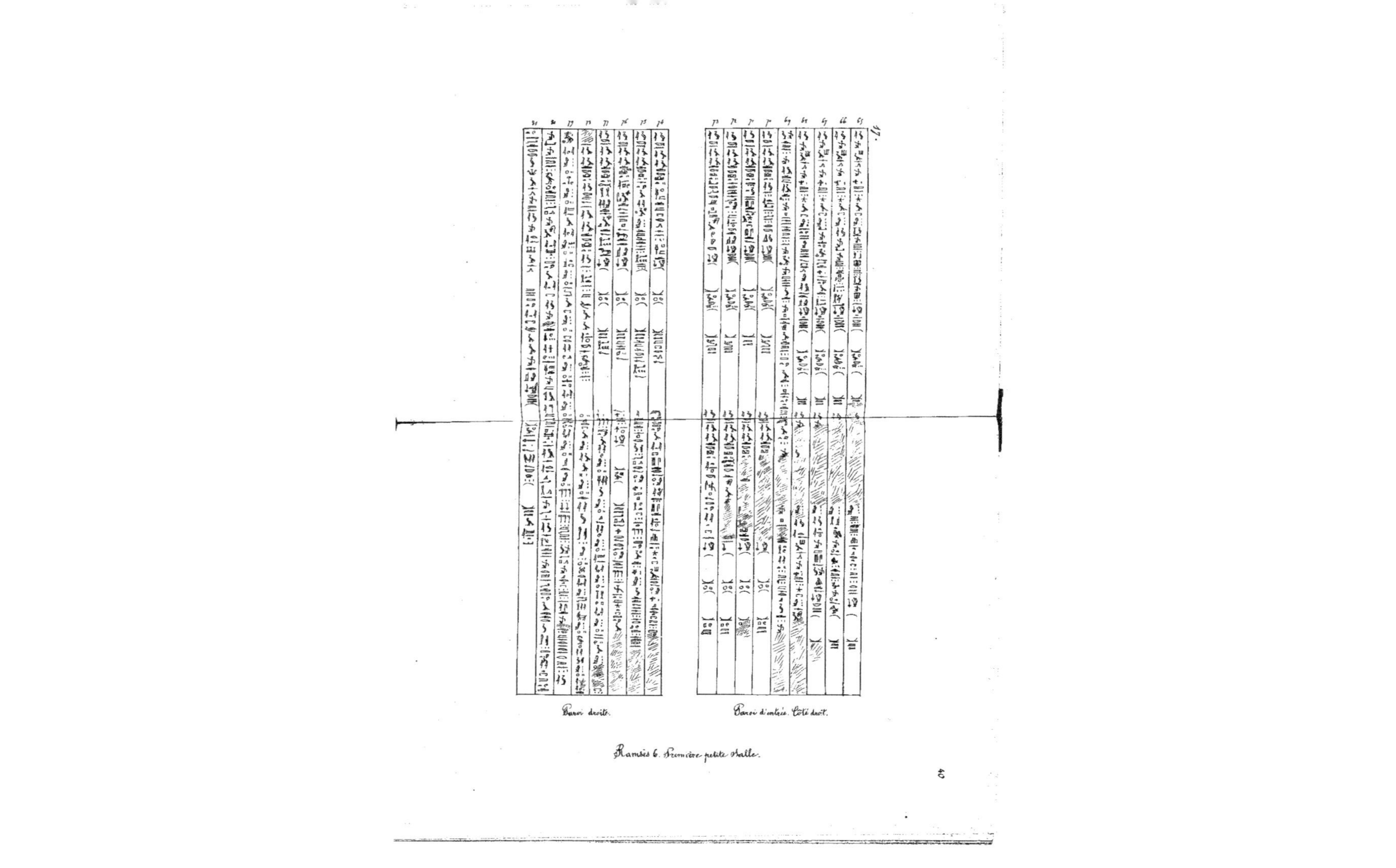

17.

65 66 67 68 69 70 71 72 73

Paroi d'entrée. Côté droit.

74 75 76 77 78 79 80 81

Paroi droite.

Ramsès 6. Première petite salle.

C.

B.

A.

E.

D.

Ramsès 6. Première petite Salle. Paroi droite. – 1er. 4e et 5e Registres.

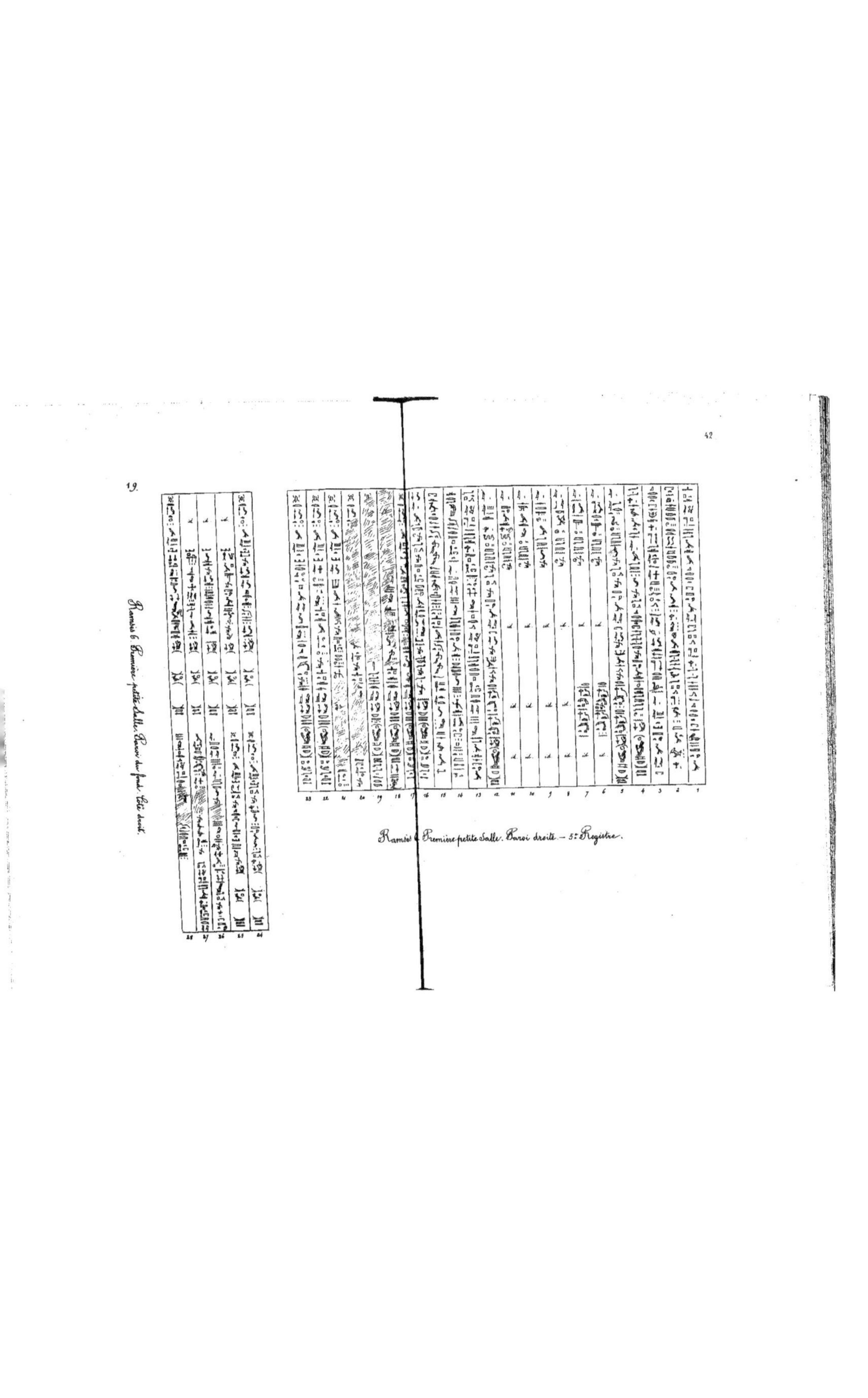

19.

Ramsès 6. Première petite Salle. Paroi du fond. Côté droit.

Ramsès 6. Première petite Salle. Paroi droite. – 5e Registre.

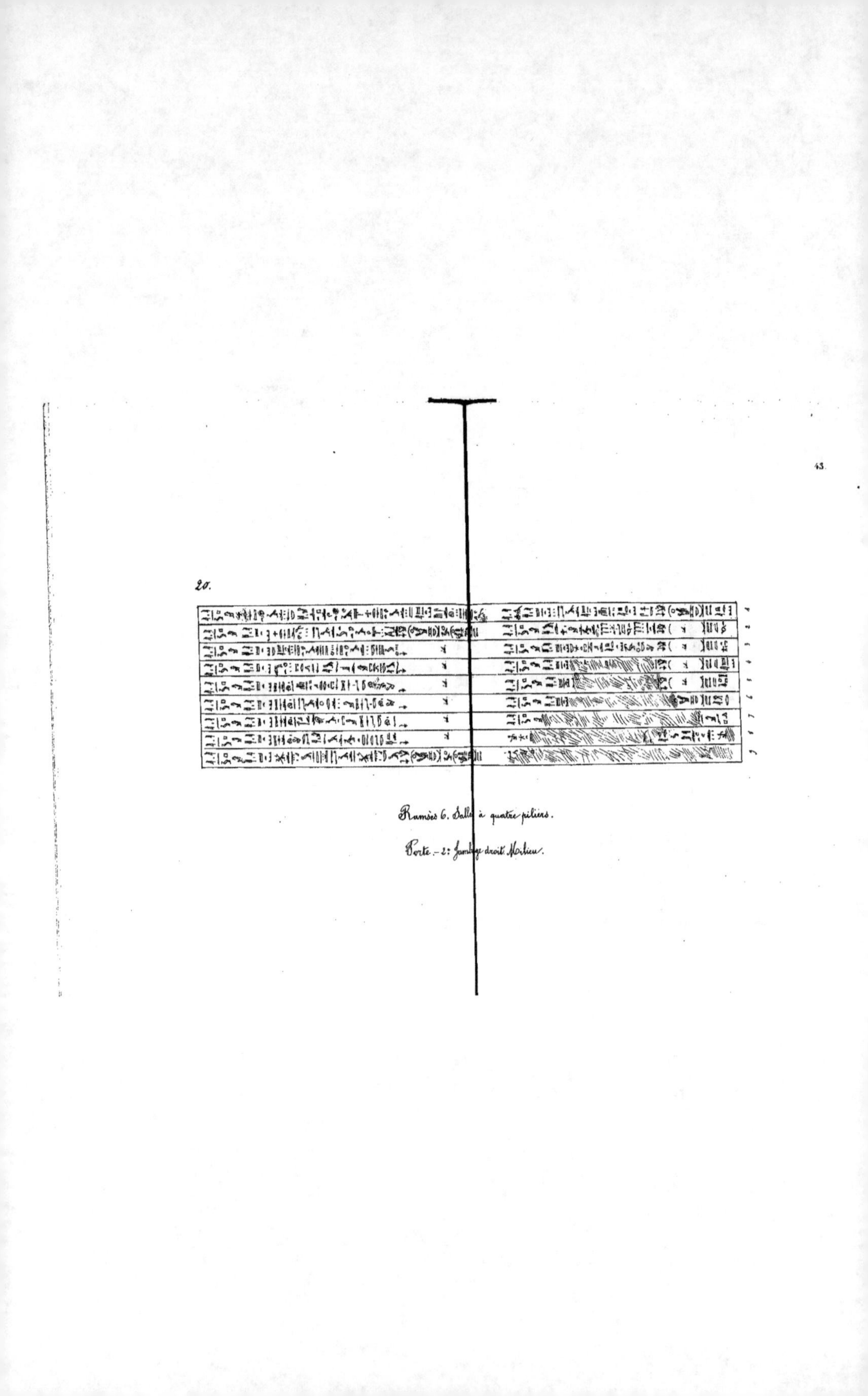

20.

Ramsès 6. Salle à quatre piliers.

Porte. — 2e Jambage droit. Milieu.

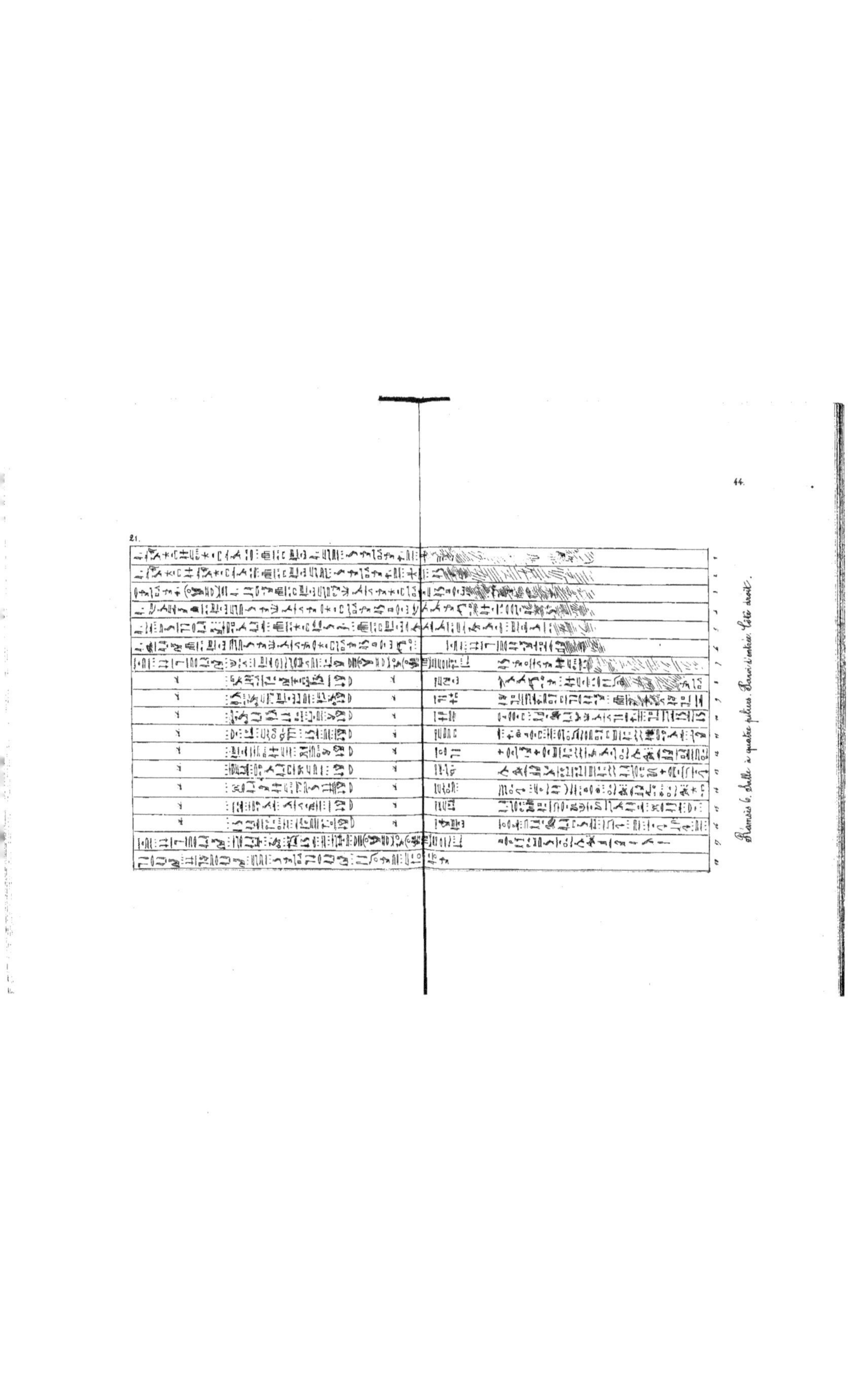

Ramsès 6. Salle à quatre piliers. Paroi d'entrée. Côté droit.

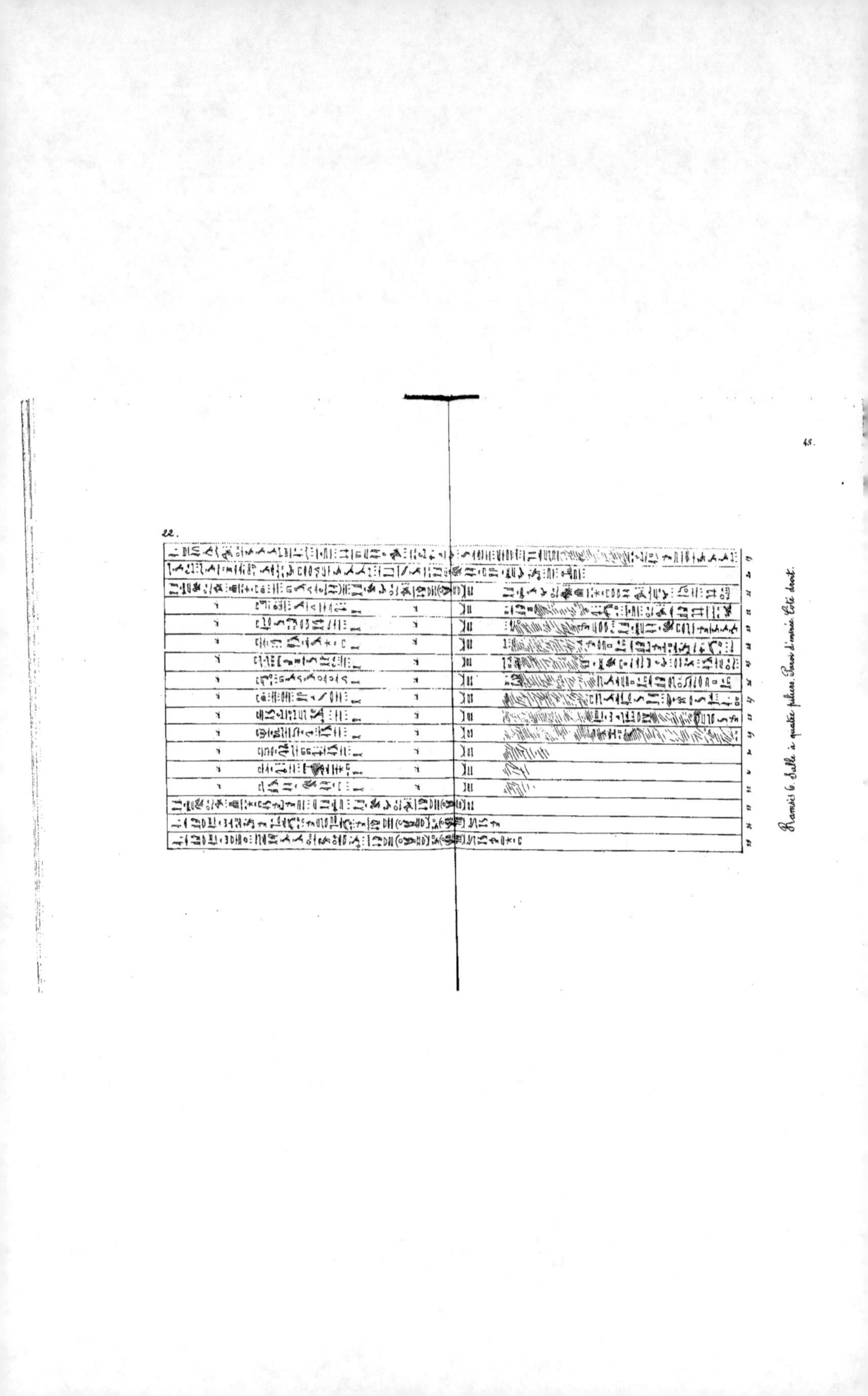

22.

Ramsès 6. Salle à quatre piliers. Paroi d'entrée. Côté droit.

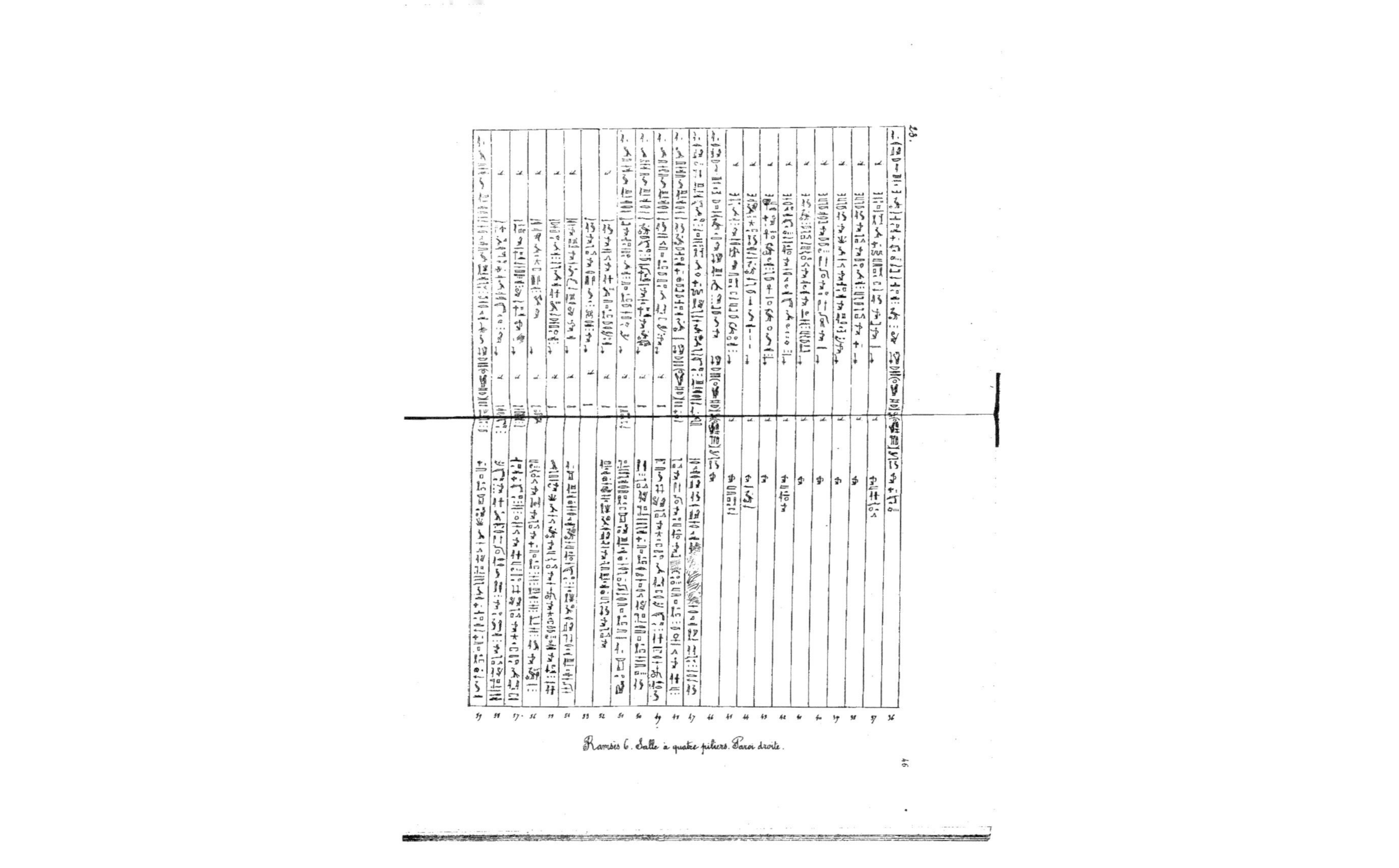

59 58 57· 56 55 54 53 52 51 50 49 48 47 46 45 44 43 42 41 40 39 38 37 36

Ramsès 6. Salle à quatre piliers. Paroi droite.

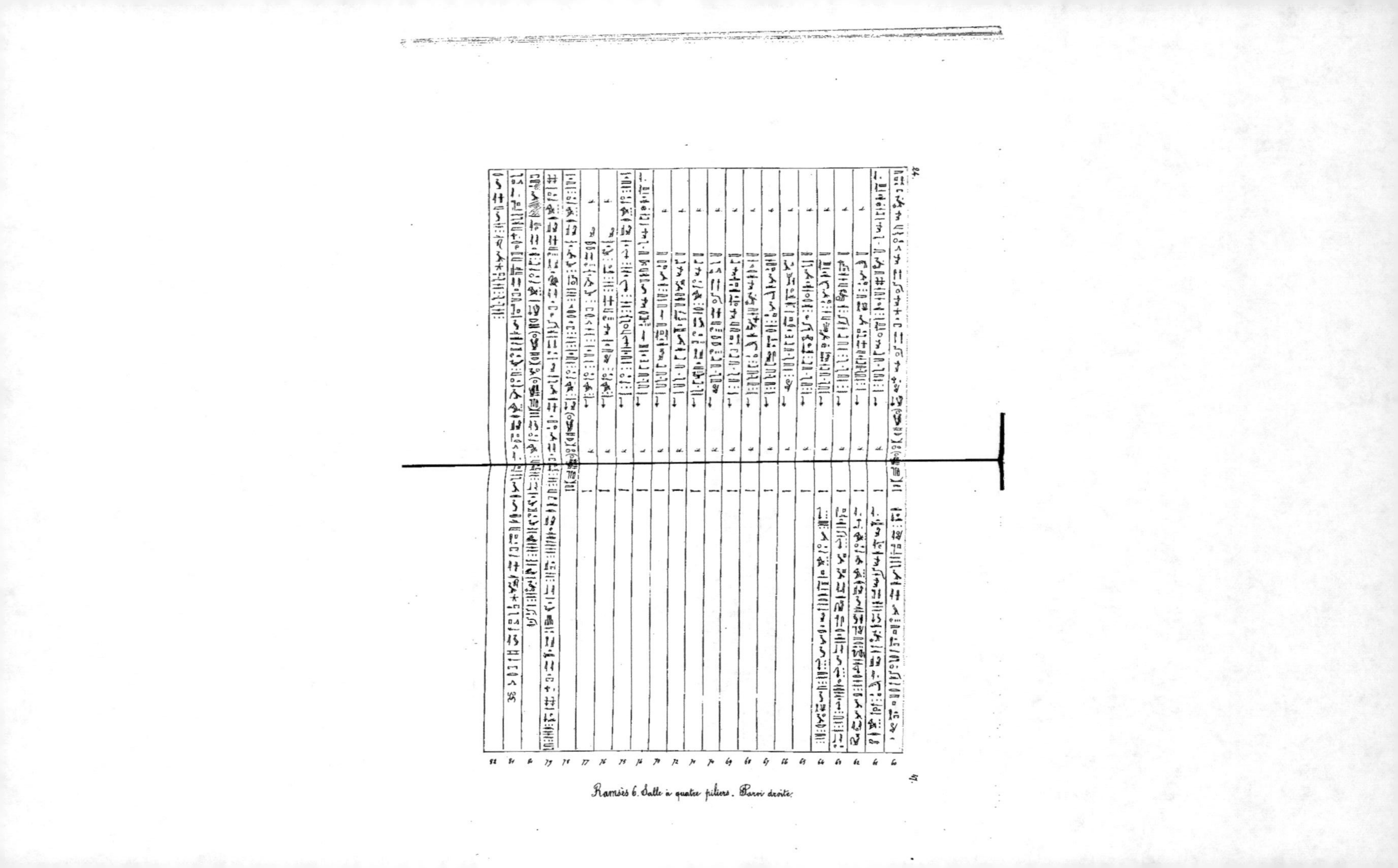

24.

60 61 62 63 64 65 66 67 68 69 70 71 72 73 74 75 76 77 78 79 80 81 82

47.

Ramsès 6. Salle à quatre piliers. Paroi droite.

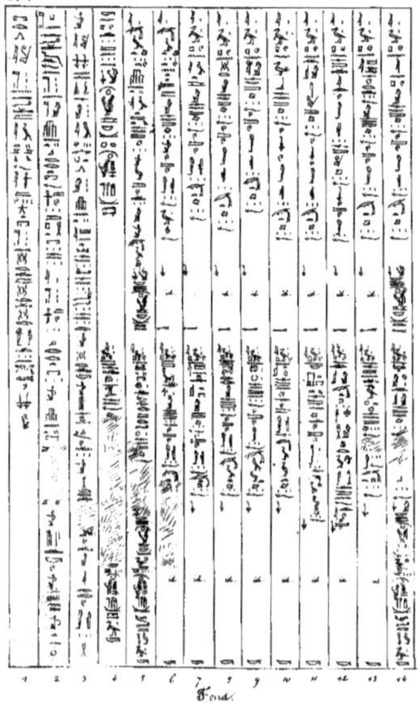

1 2 3 4 5 6 7 8 9 10 11 12 13 14

Fond.

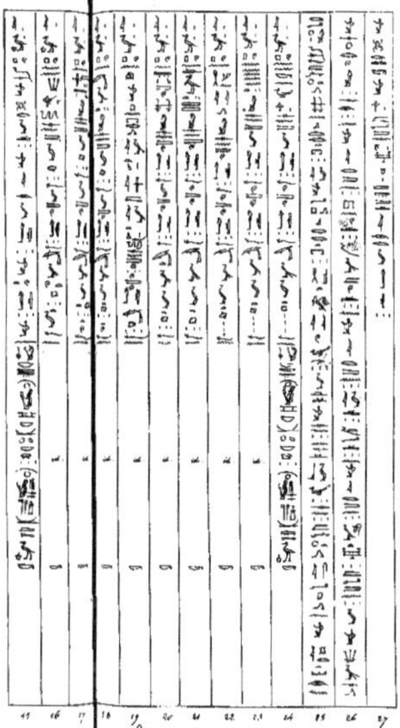

15 16 17 18 19 20 21 22 23 24 25 26 27

Entrée et Registre.

Entrée 1er Registre.

Ramsès 6. Salle à quatre Piliers. Second pilier de droite.

26.

49

2e, 3e et 4e Parties de la Paroi

Ramsès 6. Seconde petite Salle Paroi droite.

27.

C

D. B. A.

G. F.

J. I. H. E.

Ramsès 6. Grande Salle. Paroi droite. – Premier grand Registre. Scènes.

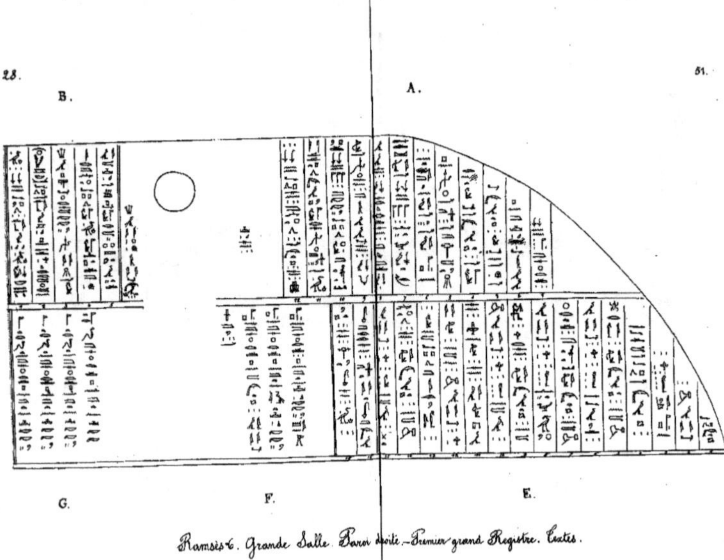

Ramsès 6. Grande Salle. Paroi droite. – Premier grand Registre. Textes.

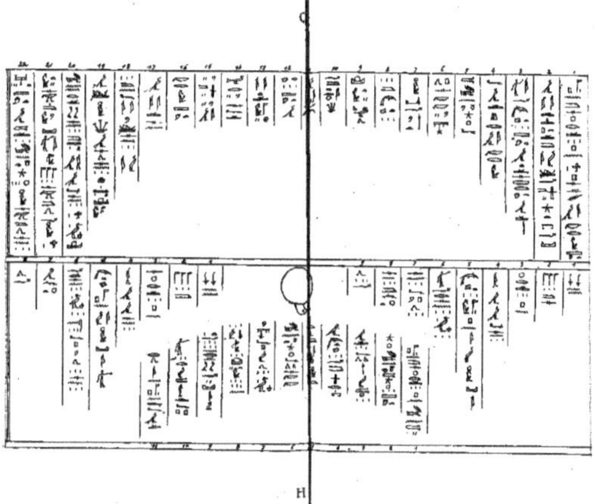

G

H

Ramsès 6. Grande Salle. Paroi droite. – Premier grand Registre. Textes.

30.

D.

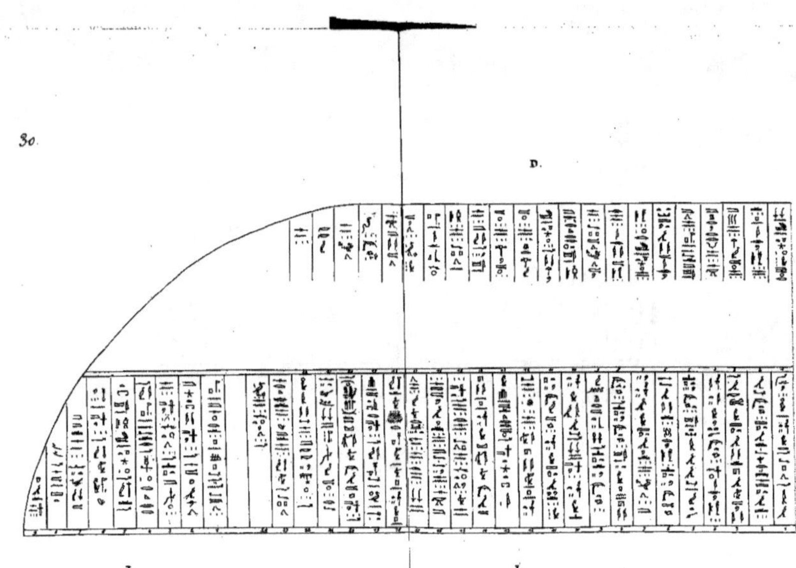

J.

I.

Ramsès 6. Grande Salle. Paroi droite — Premier grand Registre. Textes.

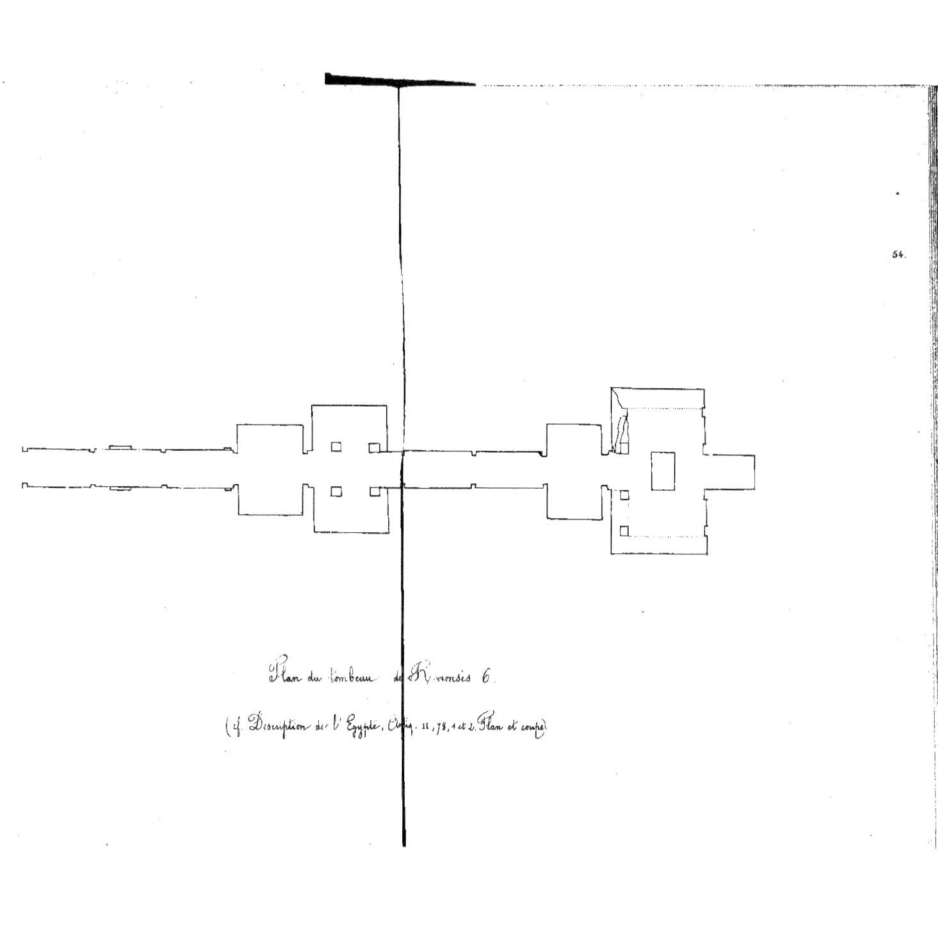

Plan du tombeau de Ramsès 6.

(cf. Description de l'Egypte, Antiq. II, 78, 1 et 2. Plan et coupe)

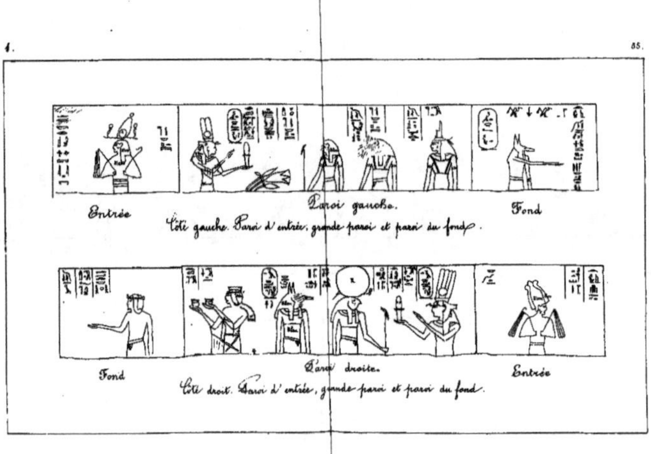

Ammmisès. Première Salle (Ta-khat).

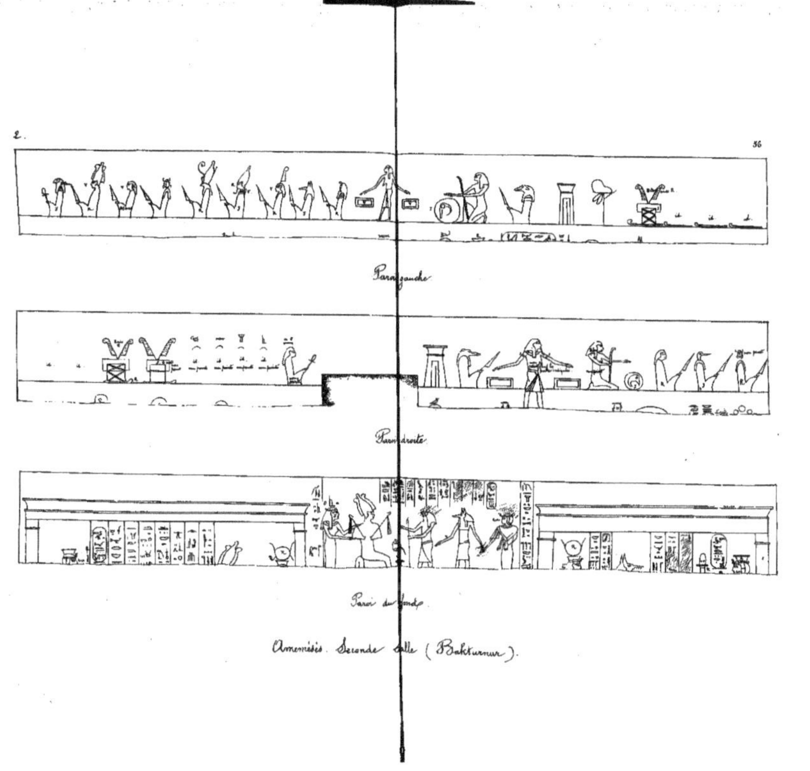

Amenisès. Seconde salle (Bakturnur).

3.

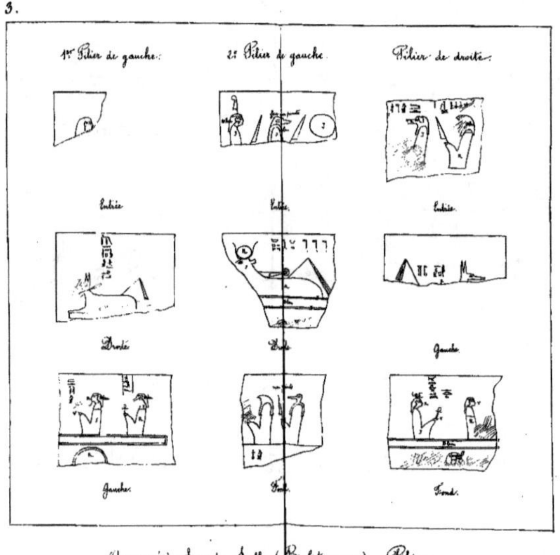

Amenmésès Seconde Salle (Bakturnur). Piliers.

1. Paroi gauche. Après la voûte

Paroi droite. Après la voûte.

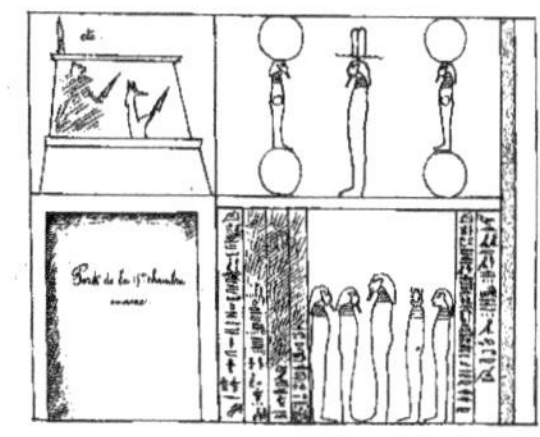

Ramsès 3. Grande Salle.

Ramsès 3 Grande Salle

Quinzième Chambre annexe. Paroi d'entrée. Côté droit.

3.

37 36 35 34 33 32 31 30 29 28 27 26 25 24 23 22 21 20 19 18 17 16 15 14 13 12 11 10 9

Ramsis 3. Grande Salle.

Quinzième Chambre annexe Paroi droite.

4.

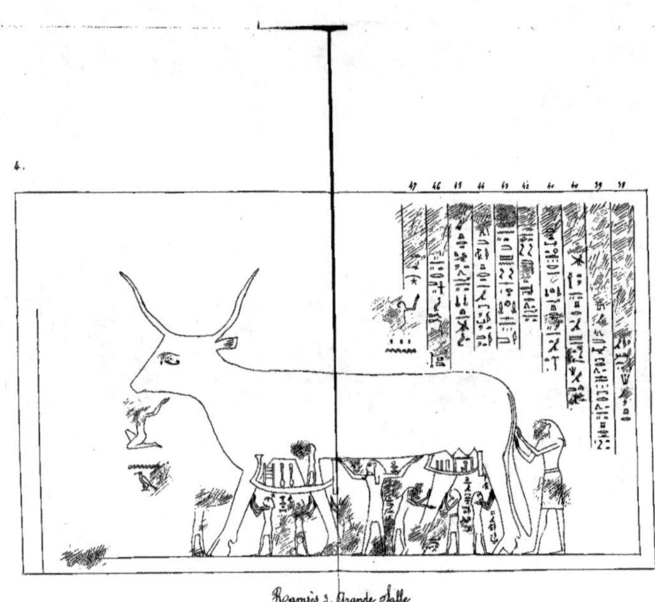

Ramsès 3. Grande Salle.

Quinzième Chambre annexe. Paroi du fond.

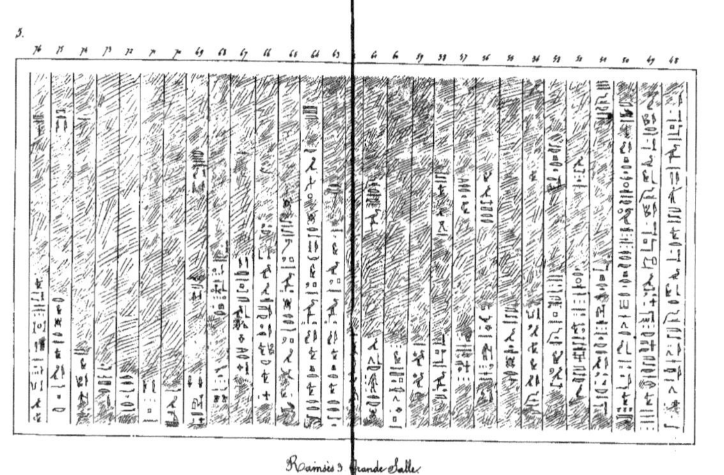

Ramsès 3 Grande Salle.

Quinzième Chambre annexe. Paroi gauche.

6.

Rhamsès 3. Grande Salle.

Quinzième Chambre annexe. Paroi d'entrée. Côté gauche.

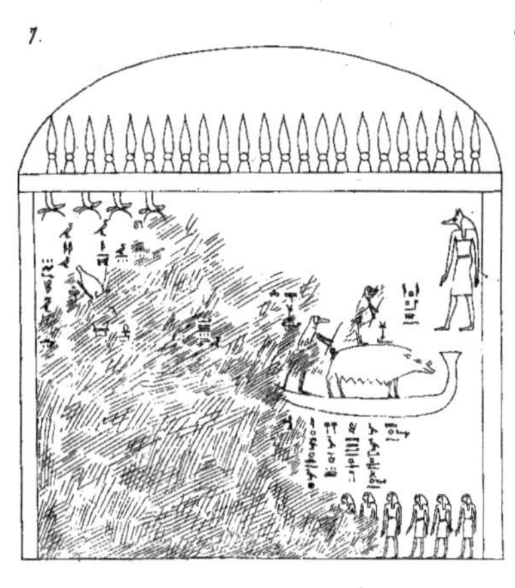

Ramsès 3. Septième Corridor. Paroi du fond.

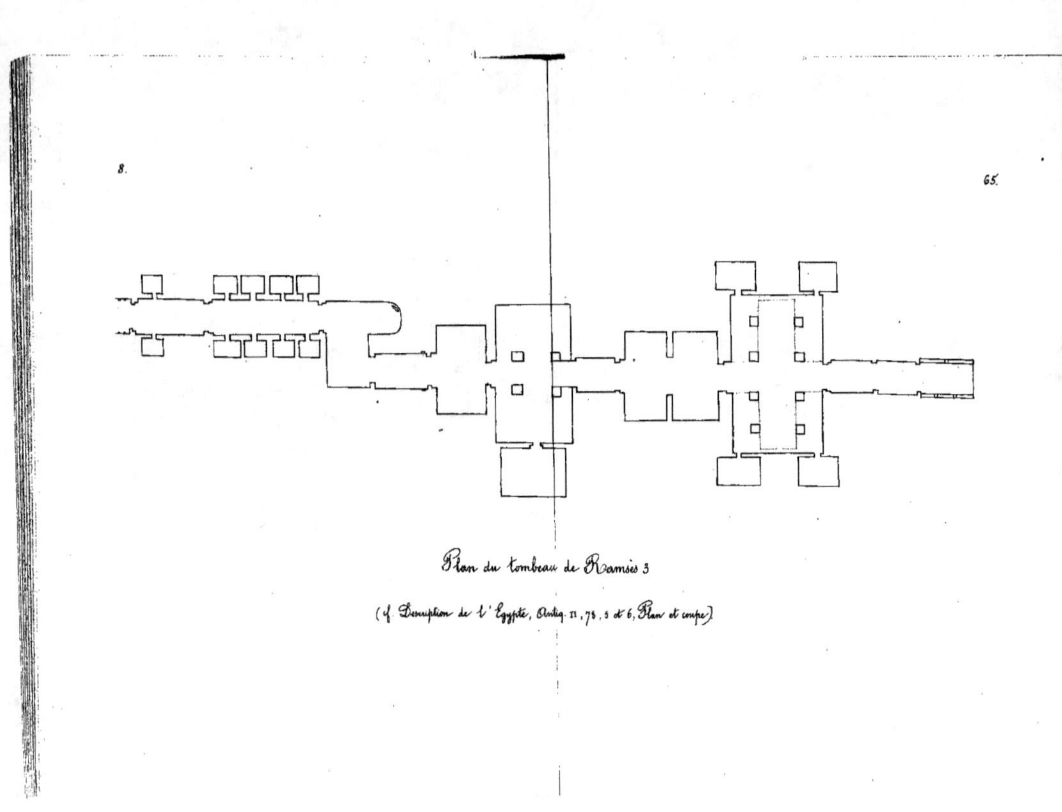

Plan du tombeau de Ramsès 3

(cf. Description de l'Égypte, Antiq. II, 78, 5 et 6, Plan et coupe)

Tauser. Quatrième Corridor. Commencement de la Paroi gauche.

2.

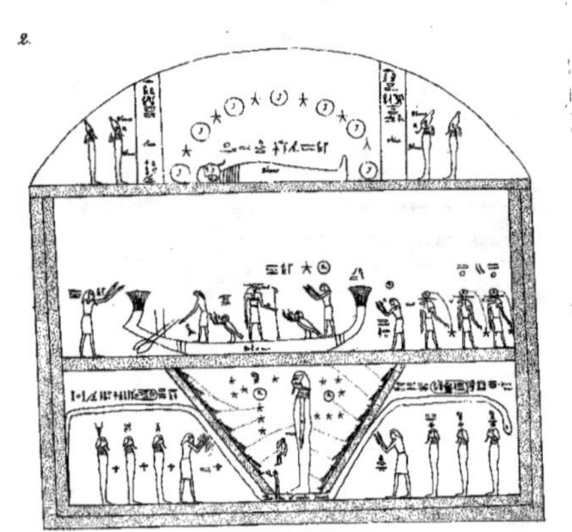

Paroi gauche.

67.

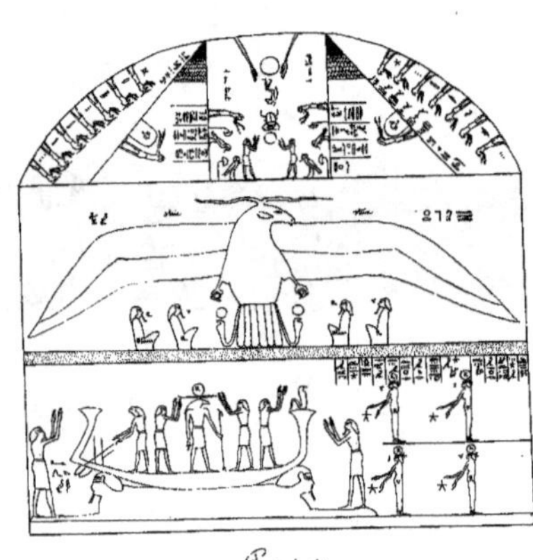

Paroi droite.

Ramsès. Grande Salle (sous la voûte).

Plan du tombeau de Tauser et de Setnekht.

(Cf. Description de l'Egypte, Antiq. II, 78, 3 et 4. Plan et coupe).

Jambage gauche. Milieu.

Jambage droit. Milieu.

Prince Ramsès Mentuherkhepeshef Porte.

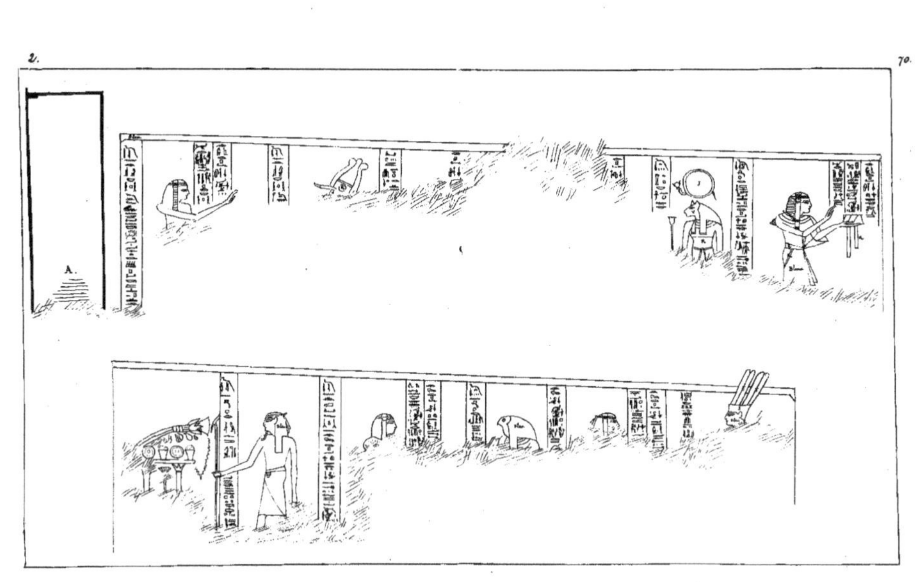

Prince Ramsès Mentuherkhepeshef. Corridor Paroi gauche.

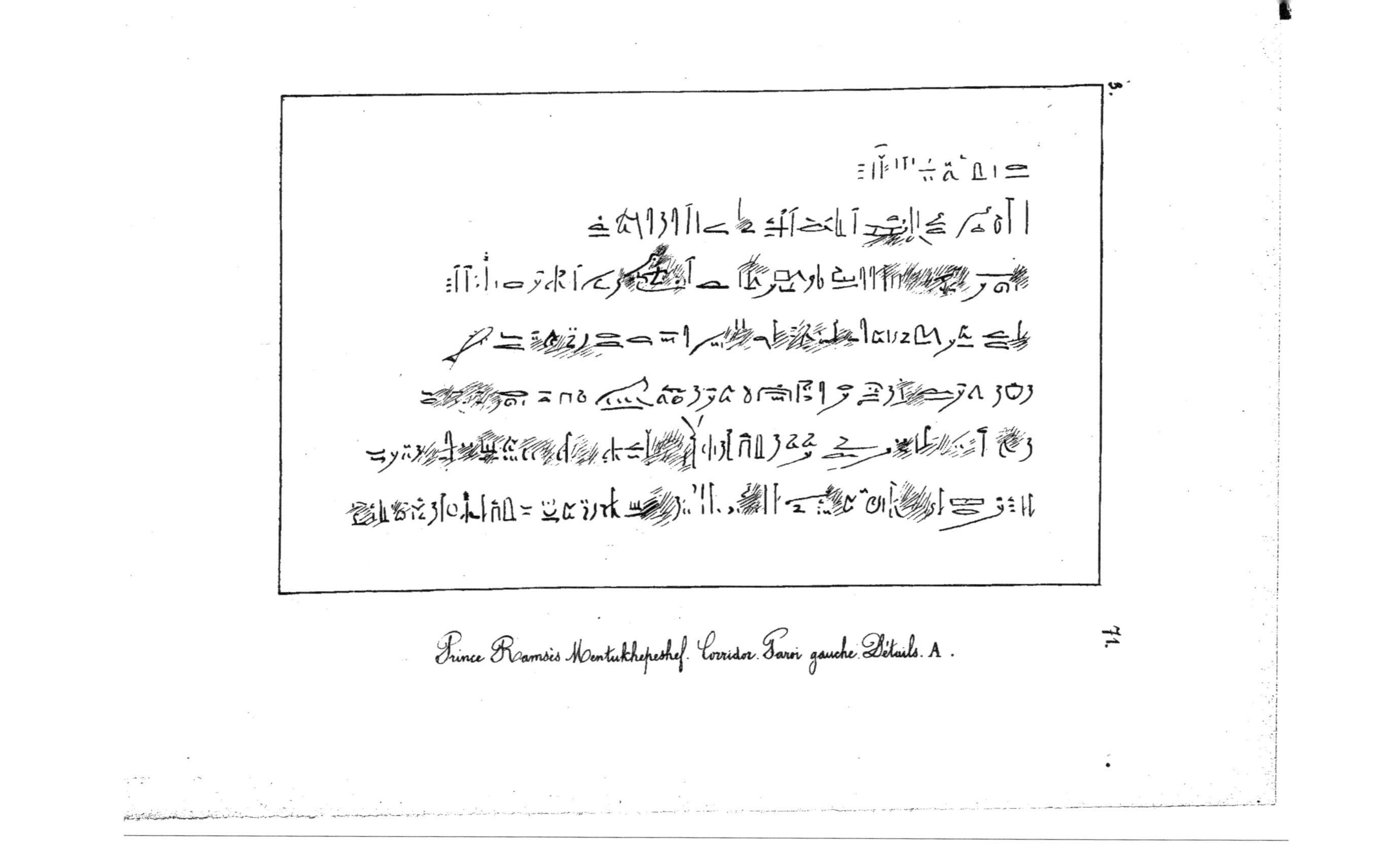

3.

Prince Ramsès Mentukhepeshef. Corridor. Paroi gauche. Détails. A.

71.

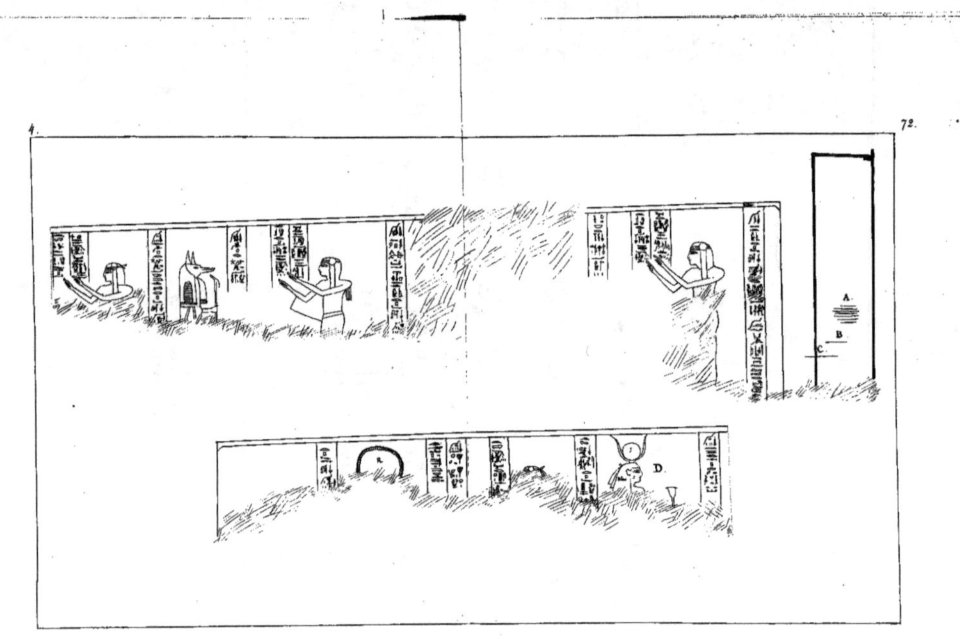

Prince Ramsès Mentuherkhepeshef. Corridor. Paroi droite.

A.

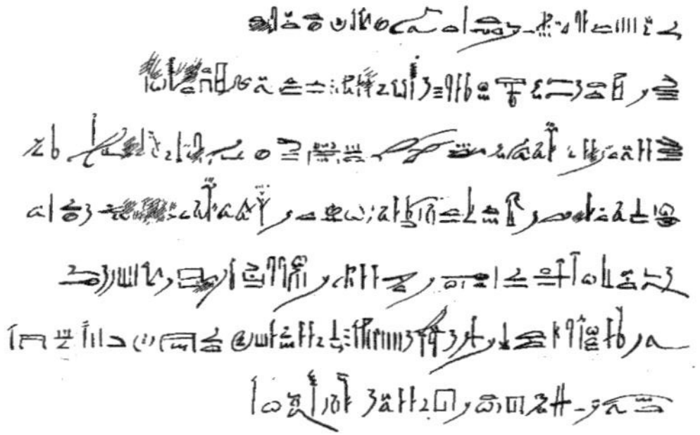

B.

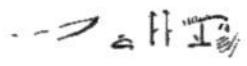

C.

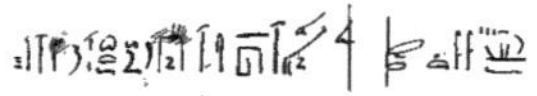

Prince Ramsès Mentuherkhepeshef. Corridor. Paroi droite. Détails A. B. C.

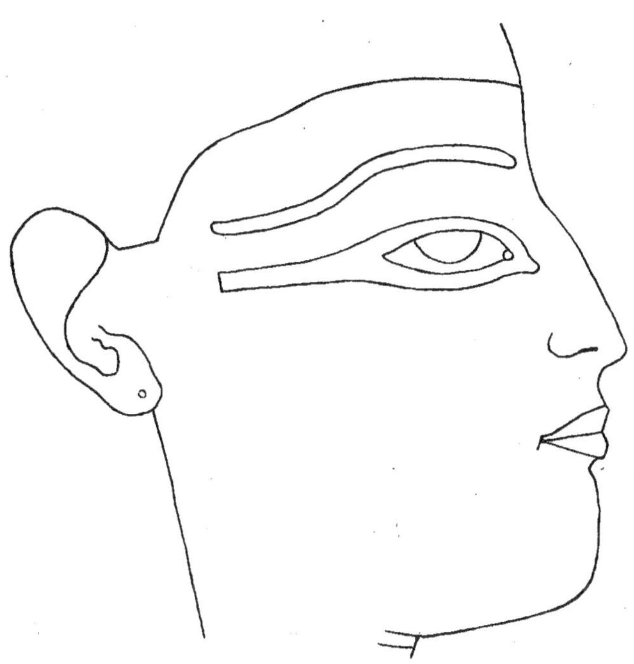

Prince Ramsès Mentuherkhepeshef. Corridor. Paroi droite. Détails (fin). D.

Fin.

Autographié du 7 Mai au 31 Août 1886.

E.L.

www.ingramcontent.com/pod-product-compliance
Lightning Source LLC
LaVergne TN
LVHW010547110826
845149LV00003B/587